IMMERSE
YOURSELF
IN
ENGLISH

英語は10000時間でモノになる

橋本大也

ハードワークで挫折しない
「日本語断ち」の実践法

技術評論社

●免責

本書に記載された内容は、情報の提供のみを目的としています。したがって、本書を用いた運用は、必ずお客様自身の責任と判断によっておこなってください。これらの情報の運用の結果について、技術評論社および著者はいかなる責任も負いません。

本書記載の情報は、刊行時のものを掲載していますので、ご利用時には変更されている場合もあります。

以上の注意事項をご承諾いただいたうえで、本書をご利用願います。これらの注意事項をお読みいただかずに、お問い合わせいただいても、技術評論社および著者は対処しかねます。あらかじめ、ご承知おきください。

●商標、登録商標について

本文中に記載されている製品の名称は、一般に関係各社の商標または登録商標です。なお、本文中では™、®などのマークを省略しています。

はじめに

45歳からでも英語ができるようになる

「いつか英語で本を読めるようになるぞ！」

一念発起して英語を一からやり直す。しかしモノにならない。

社会に出てから10回以上、そんな挫折を繰り返しました。

決意はいつだって本物でした。毎回、挑戦は「3日坊主」というほど短くなく、「3ヶ月坊主」くらいの時間をかけていました。参考書や英会話に少なからず投資もしました。

でも、まず文法の参考書が終わらない。

学校で習った英語を忘れてしまっている。

英語の本を読むなんて、夢のまた夢。

いくらの英語投資が無駄になったか、怖くて計算できませんでした。

洋書を読むのが「ひと月に1冊」から「数日で1冊」へ

そんな私が45歳になった2016年、これが人生最後と思って、自己流の英語学習法で挑戦をしました。

最後の挑戦は自分でも驚くほど成功しました。

英語で本を読めるようになっただけではありません。聞く、書く、話すという英語力全般が向上しました。この学習法を始めた頃の私の英語力はTOEICで600点くらいでした。大卒者の平均くらいでしょう。しかし、1年半後にはTOEICで960点を取り、英検1級にも合格することができました。TOEIC満点はほしい気もしましたが、資格試験はそれで「卒業」としました。自分の夢だった本を読む力を得たからです。

楽しく本を読めるようになると、英語力の向上は加速していきました。私はすべての読書記録をGoodreadsという世界最大の読書SNSに記録しています。人生ではじめて1冊丸ごと読んだのが2016年でしたが、翌年以降の記録はこうです。

■2016年＝5冊
■2017年＝58冊
■2018年＝80冊
■2019年＝103冊
■2020年＝120冊
■2021年＝130冊
■2022年＝140冊

この本の執筆時点では、平均すると数日間で1冊を読んでいます。内容の内訳は、前半は学習用の読み物のような本が含まれていますが、最近はほぼ一般の新刊書籍です。1日100ページ以上を読めるようになりました。そして、SNSで洋書の紹介記事を週に何冊も書くようになりました。それを見ていたこの本の編集者が、私の英語力の向上速度に目をとめてくださり、本を書くことになりました。

1000時間の学習を挫折せずにやり抜くには

この6年間で、英語の学習には膨大な試行錯誤がありました。私は、当初は辞書を使って、ほとんど気合と根性で読んでいました。1冊目を読むのに1ヶ月かかりました。2冊目、3冊目と少しずつ楽になりましたが、限界を感じました。

「これでは長くは続かない」

そこから、メソッドを少しずつ改良してきました。英語の学習は、それ自体が目的であり、楽しいものでなければならないのです。

これからその最新のメソッドをくわしく紹介していきますが、最初にお断りしなければいけないことがあります。それは、このメソッドにはそれなりの時間と努力を必要とするということです。「聞き流すだけで聞き取れるようになる」をうたい文句にする教材とは違います。

大学卒の平均学力から始めると、英語の普通の本（ベストセラーの小説や一般向けノンフィクション）を楽しめるようになるのに数千時間、年間100冊読めるレベルになるのに約10000時間が必要です。

「10000時間？　10000時間のまちがいではないの？」

そう思ったかもしれません。まちがっていません。10000時間です。

1日1時間＝1年で365時間
1日3時間＝1年で1095時間
1日6時間＝1年で2190時間
1日9時間＝1年で3285時間

という計算になります。私はこの6年間、1日6時間以上は英語を使っているのです。（ここで「なんだ英語に強くなれるのはずっと先か」とこの本を捨てそうになったかもしれませんが、もう少しおつきあいください。この計算は正しいのですが、洋書1冊をすぐに読めるようにする裏ワザも紹介します）

机に座って参考書を広げ英語を「学ぶ」のはつらいです。1日1時間でも長期継続は難しい。だから、私はやっていません。日常生活で自然に英語を「使う」ことで上記の学習時間を確保することができました。

私の場合、英語で読書をしているのは平日で2～3時間。おもに通勤時間と就寝前に読んでいます。それ以外の時間は、生活を英語化しています。

- スマホとPCを英語モードにする
- 英語で検索する
- ニュースを英語にする
- 映画は英語で見る

■外国人とつながって話す
■ノートを英語でとる
■英語で考え、独り言を言う

日本語でなければならない活動以外を、極力英語でおこないます。そうすると、数年で数千時間〜10000時間は達成します。英語の生活習慣化のノウハウも、本文でもっとくわしくお話ししましょう。

この本では、「読む」だけでなく、「聞く」「話す」「書く」技能についても学習方法を示します。4つの技能は、深く結びついています。本を読んでいるだけでもある程度話せるようになりますが、「読む」と「話す」を同時にやると学習は加速するからです。

だから、「本を読めるようになりたい」というだけでなく

「字幕なしで英語の映画を楽しみたい」
「英語のポッドキャストを楽しみたい」
「英語の記事をブログから発信したい」
「オンライン英会話で盛り上がりたい」

というような目的を持った方にも役立ちます。

「時間」と「努力」の先にバイリンガルの住む魅惑の別世界が待っている

こうした「時間」と「努力」の先には、バイリンガルの住む魅惑の別世界が待っています。

英語がすいすい読めるアドバンテージはたくさんありますが、私にとっては次のことが大きいです。

- まわりのだれより早く海外の新刊を読める
- 海外文学をオリジナルのまま楽しめる
- WebやSNSからの情報収集力が倍増する

私は6年前と比べて信じられないくらい仕事の幅が広がりました。「英語ができる人」扱いになって、英語の仕事が増えました。英語の書評を書いたり、翻訳や通訳をしたり、海外の人脈も広がりました。

インターネットには、日本語よりも何十倍も英語の情報が多いです。英語でしか見つからない情報がいっぱいあります。グローバルな視野が広がりました。英語ができるだけでなく、人生が豊かに変わりました。そして何よりも、英語を自由に使うこと自体が快感です。

「これまでいろんな学習法を試してきたけれど、うまくいかなかった」

そんな方に、私と同じ体験をしてもらいたいと思ってこの本を書きました。

この快感をあなたも共有できるようになれば幸いです。

はじめに

Chapter 1 頭から、生活から日本語を追い出す

Chapter 2
大量に読めば話せるようにもなる

Chapter 3
「語彙のドーピング」が最強の英語ハック

Chapter 4

「調子が悪い時に理解できるか?」がリスニングの実力

Chapter 5 書評を書ければ英語が上達する

Chapter 6

「もごもご話す」でスピーキングがうまくなる

Appendix

付録

Chapter 1

頭から、生活から日本語を追い出す

IMMERSE YOURSELF IN ENGLISH

「感覚英語」を大事にしよう

英語学習で身につく英語には、知識英語と感覚英語があると私は考えています。

知識英語とは、学校の授業で習う英語です。頭の中に作り上げた文法回路を使い、目の前の英文を解読します。

一方、感覚英語とは、直感的にわかってしまう英語です。たとえば、あなたの人生の恩人にThank you、最愛の恋人にI love you、本当に悪いことをしてしまった相手にI am sorryとしみじみと言う、あるいは言われるシーンを想像してみてください。これくらい普段使い慣れてる言葉なら、日本語を使う時と同じ感覚で使えますね？ 英文法を使って、次のような解読作業をしていないということです。

S　V　O

(I) thank you【現在形】私はあなたに感謝する

I love you【現在形】私はあなたを愛する
S V O

I am sorry【現在形】私はすまないと思っている状態だ
S V C

学ぶのではなく使う時間を増やすと、知識英語ではなく、感覚英語で処理する割合が増えます。そして、数語の文だけでなく、複雑で長い文章でも感覚英語でわかるようになります。日本語と同じ感覚で本を読むことができます。ネイティブと同じ頭の使い方になるのです。

日本人の英語上級者には、じつは2種類います。知識英語の上級者と、感覚英語の上級者です。これが少し話をややこしくしています。

知識英語の上級者は、おそらく偏差値の高い大学出身者が多い。大学の先生にも多い。学校の文法中心の英語、受験英語の達人です。英検1級に合格したり、TOEIC満点を取ったりすることができます。でも、そんな一見〝英語の勝ち組〟にも、英語の本が読めない、本当は話せない人がいっぱいいるのです。

知識英語の上級者は、辞書を使えばどんな本だって読めます。でも、速度が遅い。これが致命的な欠点です。本1冊を読むのに何週間もかかっては、中身を楽しむことができません。手早く情報を集めて精査できなければ、仕事の武器としても実用的ではありません。

知識英語の人たちは、精読を好みます。文型や品詞を分析し、脳内で和訳をしています。精読をしている限り、速度は圧倒的に遅いです。精読にもアドバンテージはあります。精読をじっくりすれば文章の意味を100％正確に理解できます。英語試験の論点がわかりますから、試験に強くなります。できたほうがいいのですが、「英語で本を読み、楽しむ」という目的ならば精読する能力は不要ですから、後回しで大丈夫です。

その一方で、感覚英語の上級者は、本をすらすらと読めます。多少わからない箇所はあっても、辞書なしで最後まで読み通すことができます。要約するのも得意です。そして何よりも、書かれていることを楽しむことができます。文法分析回路や和訳エンジンを作動させないので、脳の100％を中身を味わう、楽しむことに集中できるからです。

感覚英語に強くなるには

では、感覚英語に強くなるにはどうしたらいいのでしょうか？

感覚英語を身につけるうえで重要なのは、「完全理解を諦める」ことです。わからない部分があっても、すぐに辞書や文法書で解決しようと思わないことです。

自分が日本語を身につけた時のことを思い出してください。わからないことをすべて辞書と文法書で調べましたか？　そういう勉強好きな人も中にはいるかもしれませんが、ほとんどの人は、なんとなくわかった状態でどんどん先に進んだはずです。それでも、同じ言葉に何度も触れることで、大人になるころには正しい理解ができている。

感覚英語では、英文和訳の授業みたいに理解度がすぐ100％にならず、ゆっくりじわじわ上がっていきます。だから、常によくわからない箇所がある状態に慣れることが重要です。

そして、英語との接触回数を増やすことです。Thank you、I love you、I am sorryを私たちが感覚で使えるのは、何百回、何千回もそのパターンに触れたからです。英語の単語の並びには理論的には無限の組み合わせがありますが、実際に使われる英語には頻出するパターンがあります。大量の英語に浸ることで、頻出するパターンの感覚化ができます。文法の授業で難しいと感じた構文も、きっと感覚化できます。

そして、「接触回数を増やす最良の方法は本を読むことだ」と私は断言できます。特に小説を読むことが、感覚英語のブラッシュアップに効きます。小説は、登場人物に感情移入して読むから、文法の感覚化が自然に進むのです。

たとえば、過去の事実とは異なることを言う「仮定法過去完了」という少し高級な文法があります。

主語＋should have＋過去分詞　＝　しておけばよかった、すべきだった（実際にはしなかった）

という文法です。高校の英語の試験や大学受験によく出ましたね。やっかいな構文だったのではないでしょうか。

似たものに、could haveやmust haveもあります。授業でこれを教えようとすると、前後の時制やら動詞の完了形やら、論理的な理解と暗記すべき事柄がいろいろあって覚えにくい。

でも、これは小説の読書で自然に身につきます。たとえば、振られた男が

I shouldn't have said such things to her.

(彼女にそんなこと言うのじゃなかった)

などというように使います。

この構文は、日常会話ではあまり使いませんが、小説では頻出です。「本当に残念だなあ」という後悔の感情と一緒に出てきます。しみじみそう思いながら読むと、すぐに感覚化します。実際に使う場面になれば、文法を意識することなく、自然に言葉が出てくるようになります。「勉強すると難しいが、使うとすぐ身につく」例です。

英語を使うことを意識するより、日本語を使うことをやめる

「英語は10000時間使えば上達する」

「はじめに」でも時間をかけることが大事とお伝えしましたが、10000時間英語を使うと、私の経験ではネイティブの大学生くらいの英語力を獲得できます。大学生レベルといっても、大人はコミュニケーション能力、常識、専門知識を持っていますから、合わせれば英語で何でもできる上級者です。英語のできる人がいない組織だったら「あの人は英語がペラペラ」と言われて、通訳や翻訳を頼まれるでしょう。

私たちは、学校の国語の授業を受けたから日本語が話せるようになったわけではありませんよね。勉強して洗練された言葉づかいになった部分はありますが、毎日使っているから流暢に使えるようになったのです。

英語ネイティブの18歳は、生まれてから10万時間以上、英語を使っている計算になり

10000時間を達成するには

1日に使う時間	1年で使う時間	かかる年数
1時間	365時間	27年
3時間	1095時間	9年
6時間	2190時間	4.5年
9時間	3285時間	3年

ます。流暢であたりまえ。しかし、母国語と第二言語は違います。私たち日本人の大人は、語学以外の知識と経験の積み上げがあるので、10000時間使えば、合わせ技で納得の英語力が手に入ります。

10000時間は、長い時間に見えます。

足し算で10000時間を達成しようとすると、1日1時間では27年かかります。1日9時間だと3年間です。「そんなにかかるのか」と、ため息をつくかもしれません。この本は、普通の社会人が3年間で10000時間を達成することを目標として書いています。

10000時間達成の極意は、〝英語

を勉強する時間〟を足し上げるのをやめて、〝日本語を使う時間〟を引いていくことです。英語を使うことを意識するというより、日本語を使うことをやめるのです。

睡眠を8時間とるとすると、1日は16時間です。10日で160時間、100日で1600時間というふうに計算していくと、625日で10000時間になります。日本語をまったく使わなければ、1年と8か月で達成する計算です。実際には日本で仕事と生活をしていると100％英語化するのは不可能ですから、この数字にいかに近づけるかが課題になります。

先ほど、10000時間〝使う〟こと、と書きました。〝勉強する〟のではありません。英語は勉強するより、使ったほうが上達します。机に座って文法の参考書を広げる必要はありませんし、がんばって単語を暗記しなくてもいいのです。その代わりに、英語で本を読んだり、つぶやいたり、ドラマを見たり、ノートを取ったりするだけです。

英語の上達は、直線状ではなく、階段状です。「耳栓が取れたように英語が聴こえるようになった」という英語教材の体験談をよく見ますが、あれは誇張ではなく本当です。多くの学習者が体験しています。しかも、1回目の覚醒は、比較的早い段階で起こります。覚醒体験の喜びをバネにして継続していくのが、英語学習の王道です。

ブレークスルーは「読む」「書く」「話す」能力にも起きます。大量に本を読んでいると、突然言葉がすらすら出てくる瞬間があります。文字が目に飛び込んでくるようにもなります。

モチベーションを維持する：プロジェクト型とライフタイム型

10000時間英語漬けの成功は、どれだけ強いモチベーションと目的意識を持てるかにかかっています。

私の場合、英語再学習の最初のきっかけは、憧れの外国人の要人と会えたのに英語力がなくて深い話ができなかった口惜しさと、「次こそは」という思いでした。その後、TOEICや英検に挑戦している間は、純粋に試験の点数を上げることに夢中でした。学会やビジネスでの英語プレゼンテーションを必死で準備していた時もありました。翻訳の仕事を始めた時には、はじめて目的意識を持って文法と英訳を学びました。

こうしたプロジェクト型の目的意識は強烈で、モチベーションの形成に有効です。しかし、短期的なものでもあります。試験に合格したり、プレゼンが終わったりするとひと段落してしまい、そこで止まってしまうことがあります。モチベーションを定期的に更新していく必要があるのですが、それがなかなか難しい。

プロジェクト型のモチベーションと同時に、ライフタイム型のモチベーションを作るべきです。英語を「一生使う第二言語」と決意して、仕事、生活、趣味の一部にするのです。英語を話す人間関係も作る。人生でなくてはならない能力にしてしまうことです。

バイリンガル人生を歩む覚悟ができると、吸収がよくなります。たとえば、英検1級の試験を見て「こんな難しい単語を覚えても一生使わない」とは思わなくなります。長い人生、いつかどこかで出会う単語だと思うからです。

ちょっとした表現の違いにも敏感になります。日本語でできる微妙な表現を、英語でもできるようになりたいと思うからです。

英語で生活し、仕事をし、趣味を楽しむ。もう日本語だけの生活には戻らない、いや戻れない。「新しいバイリンガルの自分にはどんな未来があるだろう」とイメージしてみてください。

そして、英語を使うこと自体が快楽の体験にする必要があります。「英語を使っていると疲れてしまう」という人がいますが、脳内で文法解読や和訳をしているからです。感覚英語は使えば楽しいですし、疲れ方も違うものです。では、私の経験から自然に英語漬けになる方法を紹介します。

頭から、生活から日本語を追い出す脳内留学9つの方法

英語学習の最大の敵は日本語です。可能な限り、頭から、生活から、日本語を追い出しましょう。目にするものをなるべく英語に変えましょう。本当は、私はこの本を英語で書きたかったくらいです。

日本にいても、生活の英語化は十分にできます。周囲が日本語であっても、「自分の脳内は海外留学中」というふうに考えてみましょう。

ここでは、私が実践している9つの方法を紹介します。

①ニュースを英語にする

私は、英語ニュース中心の生活にして約6年経ちました。昔は狭い日本の些末なニュースにとらわれていたなと思います。日本のニュースやバラエティ番組は、グローバル視点で見ると知っていても知らなくてもどうでもいい話でいっぱいです。しかも、話が暗かったりする。

ニュースの英語化には、意外な副次効果がありました。ニュースを読んで精神的に落ち込むことが少なくなったことです。もちろん、英語圏のニュースも暗いものは多いです。銃による大量殺人、戦争、人種差別、ヘイトクライムなど、もっと救いようのない話題があります。しかし、日本のニュースよりも内容にバラエティがあり、登場人物も多いです。少し距離を持って捉えることもできます。日本のニュースの閉塞感で鬱な気分になりがちの人は、ぜひ試してみてください。

「英語ニュース中心にすると、日本の話題に乗り遅れるのではないか」

そう心配になるかもしれませんが、日本で暮らしている限り、絶対にそんなことにはならないのでご安心ください。SNSや友人知人との会話、家族が見るテレビや交通広告など、知るべき日本社会のニュースは、遮断しようとしても自然に飛び込んできます。

英語圏の新聞系ニュースサイトは、日本よりも政治的スタンスが多彩です。日本では、読売新聞は保守で、朝日新聞はリベラルだなどと言われますが、それほど右と左の意見に差はないように思います。英語圏では、大手新聞社も保守とリベラルでは大きな差があります。いろいろ読み比べて、自分に合うニュースを見つけてください。

英語の新聞のオンライン有料購読を始め、Webブラウザーのスタートページに設定しましょう。おすすめは、総合力ならニューヨークタイムズ、経済中心ならウォールストリートジャーナルです。日本のニュースは、それぞれのアジア欄から読めます。

②洋楽と英語ニュースを聴く

耳から入る言葉も英語にしましょう。

英語漬けになる方法として、最初にイメージするのが「洋楽を聴く」というアイデアだと思います。しかし、洋楽を聴いたら即英語がうまくなるかというと、それほどの効果はないと思います。効果があるなら、洋楽ファンは皆、もっと英語ペラペラになっているはずです。聴くだけでは、音楽として聞いてしまって、意味を理解しようとしないからです。リズムにのせて歌ってみたり、サビ周辺の歌詞を理解すると、学習につながるかなと思います。私は洋楽を日常的に聴いていますが、アーティストの登場するニュースに興味が持てるという副次メリットを感じています。

おすすめは、ニュースを英語で聴くことです。ただし、いきなり現地のニュースを聴くのはハードルが高いので、日本経済新聞社が運営するLissNを使うのがおすすめです。毎日数本の日経のニュースを英語学習者用に書き直した記事が、文章と音声で提供されます。対訳もあります。

LissNで半年程度、ニュースを聴くことに慣れたら、次の段階として、Voice of America(voanews.com)や、カナダのGlobal News(globalnews.ca)のような、英語が母国語ではない人のための英語ニュースがあります。ニュースの選択が日経新聞とはまったく違ったものになります。

「学習者用のサイトはかったるい」という人は、この段階を飛ばしてください。私も、この段階を背伸びして飛ばしてしまいました。一足飛びに、ニューヨークタイムズなどの本格的な英語のニュース、ポッドキャストに切り替えましょう。

③スマートフォンを英語化する

ＭＭＤ研究所の「２０２１年版：スマートフォン利用者実態調査」によると、次のことが明らかになっています。

「スマートフォンを所有する15歳～59歳の男女２１７３人を対象に、スマートフォン利用時間を聞いたところ、『2時間以上3時間未満』が19・7％と最も多く、次いで『１時間以上2時間未満』が16・３％となった」

つまり、スマートフォンの操作や見る内容を英語にすれば、１年間で７３０時間から１０９５時間も英語の使用時間が増えます。

私はiPhoneを使っていますが、英語設定にするとＯＳの操作メニューが英語になるだけでなく、国際対応しているアプリも表示が英語になります。Webブラウザも、多国語対応のサイトでは英語サイトに自動的に誘導されることがあります。

スマートフォンを英語化して困ったことは、１つだけです。邦楽を聴いている時に曲名が英語化されてしまい、日本語で何という歌なのかわからないという、小さな問題です。たとえば、Novelbrightという日本のバンドが『ツキミソウ』というヒット曲を出していますが、私はこれを"Evening Primrose"と覚えてしまっていました。カラオケで探しても見つからないのです。

ＰＣも英語化するといいのですが、日本語でも仕事をしている場合、文字化けや入力不可能などの支障が出ることがあるので、私はＯＳ（Windows）は日本語のままです。

④英語圏の企業の株式に投資する

英語圏の企業の株式に投資すると、他人事だと思っていた企業のトップたちの発言が自分ごとになります。私の場合はアメリカ株ばかりなのですが、株価は政治や社会的な事件に敏感に反応します。日本ではあまり報道されない海外事情に通じることができ、英会話の話題が広がります。

私は、アルファベット（Google）、アップル、マイクロソフト、メタ（Facebook）、アマゾン、エヌビディアのようなグローバルＩＴ企業や、小売りのウォルマート、医療のユナイテッドヘルスグループのようなアメリカ国内株に投資しています。イーロン・マスクがいるテスラも面白いです。英語学習的には、ニュースが多い大企業、有名な社長がいる企業がおすすめです。

もちろん、株式投資は自己責任で楽しめる範囲でやりましょう。有望な投資対象としてアメリカ株を推奨しているわけではありません。

⑤ノートとメモはすべて英語で書く

会議でノートを取りながら発想も広げていくと、自然に英語の発想が生まれてきます。たとえば、本来、漢字四文字で整理していたこんな表を、4つのPで始まる単語で揃えたくなるのです。

- 商品戦略 → Product
- 価格戦略 → Price
- 流通戦略 → Place
- 販売戦略 → Promotion

ベン図、ピラミッド図、ワークフロー図など、図を描くのもおすすめです。図を描く行為は、順序、並列、包含、因果などの関係を表現することです。図を言葉で説明すれば、英語学習につながっていきます。

仕事でミスしたら大変な重要事項を英語で書くと緊張感がありますが、今のところは大きな失敗はありません。デジタルでノートを取った後、自動翻訳で日本語化して保存しておくと、使い勝手が高まります。

私は、日本語の会議の内容も英語でメモしています。咄嗟にわからない単語は、ローマ字で書きます。最初のうちは辞書を使って仕事で使う語彙を調べる必要がありますが、数か月すると基本語彙を獲得して辞書は要らなくなります。

私は、英語で書いたノートやメモを元に、パワーポイントの発表資料、授業資料を英語で作ることが多いです。私の仕事環境では8割は日本人が相手ですが、プレゼンする場合には、英語資料のまま日本語で話してしまうことが多いです。日本語にしないと許されない場合は資料を翻訳します。

資料の翻訳には、DeepLのような自動翻訳を使っています（後の章で紹介します）。最近の自動翻訳はまちがうこともありますが、案外、気の利いた訳語を出してくれてうれしくなることがあります。自分が英語で作成した資料を自分で和訳するのはつまらない作業なので、手作業でやっていると億劫になりがちです。おすすめしません。

⑥英語で考える、独り言を言う

これは、英語学習をしていればだれもが考えることだと思いますが、できそうでできない、難しいことです。コツは、英語でニュースを読んだり、ノートを取る習慣と連動させることです。英語でゼロから考えるのは難しいですが、思考の材料が英語だと始めやすくなります。

英語の独り言思考で私がよくやるのが、トップ3の説明です。

まず、順位をつけたい物事を3つ用意します。The first place is A, the second place is B, the third place is Cと、まず言ってみます。

次に、1位につける形容詞を用意します。たとえば、A is the most interesting ○○と文章を作ります。ここまではかんたんにできると思います。

そして、2位と3位の差を説明します。B is more interesting than C because ... のような比較級と理由の形です。ここで何らかのロジックが必要になってきて、本格的に英語で考えるようになります。

文章が完成したら、文章をつなげて口に出してみましょう。立派なミニプレゼンになっているはずです。

順序と比較ができるようになったら、次は因果関係を考えてみましょう。因果関係を表す言葉は無数にあります。

affect（影響する）

cause（引き起こす）
lead to（つながる）
generate（起こす）
result from（結果として起きる）

など、基本的な動詞だけで数十種類あります。

因果関係を3つくらいつなげてみてください。「風が吹けば桶屋が儲かる」のような文章が出来上がります。深い意味がないものがほとんどでしょうが、稀にその中から絶妙なアイデアが生まれてくるかもしれません。生まれてこなかったとしても、こうしてごにょごにょ考えていることが英語の上達につながります。

そして、類似、事例です。For exampleと言って、主題と似ている物事を列挙してリストを作ります。リストがどういう点で類似しているのかも説明しましょう。単語がわからないときは辞書を使ってもいいですし、面倒な時には日本語をそのままローマ字で代用しておいてもかまいません。何度かローマ字で考えると、ものすごく辞書で調べたくなる時が来ます。その段階が、一発で覚えられるチャンスなのです。

このように、順序と比較、因果関係、類似事例の3つを意識していると、英語で考えるとっかかりがかなりつかみやすくなります。英語学習のためにでっちあげた思考ではなく、生活や仕事の本番で本当に必要な思考に適用することです。

支障がなければ、声に出しましょう。マスクをしている時には、歩きながら小声でぶつぶつ言うのもおすすめです。この習慣が定着すると、英語で夢を見るようになります。

⑦トイレで英語にふれる

私は、トイレに英語表現を覚えるための週めくりのカレンダーを置いています。1日に数回見ます。水を流しながら、小さく声に出します。定着率がいい学習法になっています。

同時に、世界地図もトイレに貼ってあります。小説やニュースで話題の場所がどこなのかを確認すると、理解が深まります。

⑧外国人の会話友達を作る

日常的に会話ができる外国人の友達を持つことはとても重要です。私は大学とＩＴ業界が仕事場なので海外人脈に恵まれていますが、もしもそうした環境ではない場合は、オンライン英会話がおすすめです。日常的に同じ講師を指名していれば、友達に近い関係になることができます。理想的には、一番使っているSNSでつながることですが、オンラインゲームや仮想空間にもつながるチャンスがあります。

日本人の友達と同じで、共通の仕事、没頭している趣味、コミュニティや利害関係を共有していないと、日常的な会話パートナーにはなれません。同業の外国人がいそうなイベントやコミュニティに積極的に参加することが近道になると思います。大学の留学生には、日本の社会人に就職の話を聞きたい人がたくさんいます。英語でアドバイスする立場になれたりすると、頑張ってしまうものです。

⑨英語パンフレットで観光する

地方に旅行や出張したら、観光案内所で英語のパンフレットをもらいましょう。最近のパンフレットはネイティブがちゃんと監修していて、英語が正しく、視点が外国人のものが増えています。無料で利用できる学習教材です。

外国人を案内している感覚で、見るもの、食べるものを自分に英語で説明してみましょう。私は、家族旅行で妻子相手に「英語で何と言うか」を紹介して楽しんでいます。英会話でも旅行の話題は使えます。

私が普段やっていて効果的だったと思える方法を9つ紹介してみました。日常生活で英語化できるシーンを、自分でも考えてみてください。

①長時間やっていること
②やらないといけないこと
③楽しくてついついやってまうこと

この3つを選んで英語でやってみることだと思います。

作業に必要な英語の語彙を最初にまとめて学習しておくと効果的です。Bing（ChatGPT）のようなAIに「企画書づくりに必要な英語の語彙を教えて」などと頼むと、最近はかんたんに専門単語帳が得られます（Bingについては第2章でも触れます）。

Chapter 2

大量に読めば
話せるようにもなる

IMMERSE YOURSELF IN ENGLISH

いくら英会話をやってもうまくいかない

「英語を話せるようになりたい」という人が会話から入ろうとすると、つまずくことが多いです。いきなり英会話学校やオンライン英会話に通っても英語はなかなか上達しません。練習しないで実戦に出るようなものだからです。

インプット仮説という有名な学説があります。言語学者のスティーヴン・クラッシェンが1970年代〜1980年代にかけて提唱し、多くの英語の研究者と教師が支持する古典理論です。クラッシェンは、書かれた言葉や話された言葉を読み、聴くことが言語能力の向上の（ほぼ）すべてだと言いました。インプット仮説では、学習者が理解可能なレベル（i）より、ほんの少しだけ高いレベルのインプット（i＋1）を大量に受けることが一番効果的だとしています。

「理解可能なインプット（i＋1）を受け続ける環境を作る」

これができれば、英語は必ず上達します。優しすぎる－1や0ではだめですし、難しすぎる＋2、＋3でもいけません。

インプット仮説は「インプットがほぼすべてだ」と言ったために、一部の学者や教員から批判もされてきました。実際、感覚としてアウトプットが不要だとは思えません。ただ、私の経験ですが、インプットとアウトプットの比率はインプット（読む、聴く）が9、アウトプットが1（書く、話す）くらいでいいと思います。これなら国内でも十分に可能です。

「英会話が学習に役立たない」というわけではありません。むしろ絶対に必要な学習です。音楽理論をいくら学んでも歌えないのと同じ、話さなければ話せるようにはなりません。でも、それほど多くなくていい。英会話はその週に身につけた能力を試す実験の場として使うといいと思います。1週間本を読んでから、その本について英会話で話題にしてみると、効果がわかると思います。インプットとアウトプットは循環して完結します。

読書で自然な言葉の並びが感覚でわかるようになる

私が強調したいのは、読書が効率的な学習になることです。一般の英語の本は、およそ10万語で構成されていると言われます。それを能動的にインプットする体験が読書です。短時間で大量の英語のパターンに触れるのに、最も効率的な方法です。

パターンから学ぶうえでは、「こういう表現がある」を学ぶと同時に、「こういう表現はない」を学ぶことも重要です。「文法的にはOKでも、ネイティブはそういう表現はしない」という文章がいっぱいあります。

かんたんなところでは語順です。白黒をwhite and blackとは言いません。black and whiteです。犬猫はdogs and catsと言いません。cats and dogsです。父母も、日本語とは逆でmother and fatherが自然です。どれもまちがいではないので通じますが、黒白、猫犬、母父と言われた時の小さな違和感をネイティブは感じるでしょう。

形容詞の順番もあります。日本語では美しい赤い花でも赤い美しい花でもOKですが、英語では a beautiful red flower の一択です。a red beautiful flower は不自然です。この語順の覚え方に、Opinion（意見）、Shape（形状）、Age（年齢）、Color（色）、Origin（起源）、Material（素材）の頭文字を取って、OPSHACOMがあります。学校ではこうしたロジックを教わったかもしれません。しかし、実際に英語を話す時に、このロジックを思い出して、形容詞を並べ替えるのは、時間がかかってしまい、現実的ではありません。

ネイティブが話す時は、そんな文法知識を適用しているわけではないのです。英語文化圏で、より本質的な性質と考えられる形容詞が、名詞に近い位置に（つまり後に）出てくるという感覚があるだけです。読書で大量のインプットを浴びると、そんな自然な言葉の並びが感覚でわかるようになります。

まずはリスニング用教材、多読用の読み物、絵本を読む

では、具体的にはどんな本を読んだらいいでしょうか？　まだ英語で本を読んだこと

がないことを想定して、本の選び方を解説していきます。

まず、「英語で書かれた本」と言っても、教材か一般書籍かという選択があります。学習用に作られた読み物は、初心者に読みやすく書かれています。レベル別になっているので、学習には効率的です。

私がおすすめするのは、日本語で書かれたリスニング用教材と、多読用の読み物、そして絵本です。

大型書店で英語学習コーナーのリスニングのコーナーへ行ってみてください。そして、内容が英会話ではなく物語などの読み物になっている本を探してください。読むものを探すのに、リーディングではなくてリスニングコーナーで探すというのは不思議に思われるかもしれませんが、それでいいのです。リーディング用の参考書の内容は文法の解説が中心なので、文章が難しめなのです。

私が実際に使ってとてもよかった本をいくつか紹介します。

改訂版 究極のビジネス英語リスニング Vol.1

(アルク出版編集部 編/アルク 刊)

この本では、40本の英文が音声付きで収録されていて、ストーリーになっています。

第1章は「東京の小さな製造会社に、ある日突然、アメリカの大企業から1本の電話が入る」場面で始まります。そこから両社の間でビジネスが始まって、登場人物たちが物語の中でアポの取り方、電話会議、工場案内、顧客の接待、商品プレゼン、価格交渉などを英語でおこないます。

この本は基本語彙3000語で書かれており、英検準2級／TOEIC®テスト500点の学習者を想定しています。難しめの単語や用法には解説がありますから、無理なく1冊を読んでいけると思います。音声を聴きながら読むと、さらに学習の効果が高まります。

CD付 スター・ウォーズの英語 エピソード4 新たなる希望

(安河内 哲也 著／KADOKAWA刊)

「ビジネスコミュニケーションには興味がない」という人には、こんなふうに有名な物語を扱っている本がいいかもしれません。私はスター・ウォーズが好きだったので、このシリーズを制覇しました。スター・ウォーズ、ディズニーの物語、

不思議の国のアリス、赤毛のアンなど、自分が特別に思い入れのある有名作品を選びましょう。内容を知っているほうが英語学習に使いやすいです。

英語で読むスティーブ・ジョブズ

（トム・クリスティアン 著／山久瀬洋二 解説／神崎正哉、カール・ロズボルド TOEIC英語対策／IBCパブリッシング刊）

ノンフィクションの読み物としてはこのシリーズがよかったです。同じIBC対訳ライブラリーシリーズには、アインシュタイン、ジェフ・ベゾスなどほかの有名人の伝記もあります。

こうしたリスニング教材に含まれる読み物なら、読めないことはないはずです。2、3冊やってみてください。本格的な洋書読書のウォーミングアップができます。

多読教材を使う

多読用の読み物ものぞいてみましょう。多読とは、やさしい本からはじめてだんだんレベルを上げていくことで英語を身につける学習法です。この方法の普及を推進しているNPO法人多言語多読（https://tadoku.org/）によれば、次のルールがあります。

- わからない単語があっても辞書は引かない
- わからない場所は飛ばす
- 面白くない本は飛ばす

多読用の読み物を使うと、少し時間はかかるかもしれませんが、無理なく一般書の読書に必要な能力が身につきます。

多読読み物として有名なシリーズには次のものがあります。

- Oxford Bookworms
- Penguin Readers
- Macmillan Readers
- Cambridge English Readers

それぞれ、語彙のレベル別になっています。多読メソッドでは、i＋1ではなく、少しやさしいと思えるくらいのレベルからはじめるのがいいと言われています。最近では、大きな図書館には多読本コーナーが整備されています。

さて、ここまでは一般書へ進むための準備段階と言える内容でした。これからは、一般的な本を読んでみましょう。本には大きくフィクションとノンフィクションがありますが、分けて解説していきます。

小説を読むと語彙と文法が自然に身につく

英語読書で読む力を最も確実に伸ばせるのが小説です。後述するノンフィクションは、飛ばし読みや速読ができます。必要なところだけを読んだり、大意が取れたら細かい部分は気にせず前へ進めることができます。ノンフィクションの読み方はそれが正解です。

しかし、小説はそういきません。話の筋を追うことができなくなりますし、細やかな描写を味わうこと自体が小説の醍醐味です。

目に見える情景の描写では、自然や天候の状態、建築物や街並みの様子、花や樹木の名前、人々の服装や持ち物など、ほかのジャンルの文章では滅多に出てこない単語と出会います。人間の心理の描写では、細やかな感情の表現、顔や声の表情についての多彩な表現を知ることができます。

喜ぶ、怒る、悲しむ……感情の機微を表す言葉は、happy、angry、sadだけではありません。むしろ、そんな単純な言葉は小説ではまず出てきません。軽く数百種類の、感情を表現する言葉があります。形容詞にしても、good、great、interestingのようなありまえの単語は出てこないのです。語彙の幅がまちがいなく広がります。

小説の読書は、感情の特別な体験です。登場人物と喜怒哀楽を共にすることで、理解できる語彙が広がるだけでなく、自ら使える語彙が増えます。心の底からしみじみと口に出せる表現が身につくのです。無機的な暗記では得られない語彙の獲得方法です。

文法も自然に身につきます。たとえば、過去完了形（have＋過去分詞）や大過去（過去のさらに過去）という時制がよく出てきます。大過去は日常会話では滅多に使われません。しかし、小説にはよく使われます。小説の時制は過去形で書かれるものと、現在形で書かれるものの2種類があります。このうち、過去形で書かれた小説では基本の動詞が過去形です。さらに過去のことを表現しようとすると、自然に大過去が頻出します。

そして、過去完了の仮定法も小説でしばしば目にします。I should have done it のように「〇〇しておけばよかったのに（ため息）」という表現です。この語法には、必ず喪失感、後悔、悲しみや怒りの感情を伴います。感情を動かすと、深く語彙が獲得できます。難しいと考えられがちな仮定法用法も、自然に口をついて出てくるようになります。

小説を読む前に準備をしておく

小説の袖や裏表紙には、概要が書かれていると思います。ネタバレをせず作品のあらすじや魅力を伝える短い文章です。まず、それをじっくりと読みましょう。この時には精読してかまいません。

完全に理解できたら、次は目次を丁寧に読みます。全体の構成、大きなテーマが把握できると思います。この概要の理解が、本文を読むのにとても助けになります。

舞台となる国や都市がわかったら、Wikipediaで調べてみましょう。時代がわかったらその場所の歴史もかんたんに見ておくといいです。その場所が都会なのか田舎なのか、平和な時代なのか戦争中なのか。英語圏だったら常識になっていそうな情報を軽く当たってみましょう。私は、いつも読み始める前にこんな準備の時間を15分以上は取っています。

ブックマークと小さなポストイットも用意しておくといいです。あとで調べたいと思う場所があったら、辞書を引くのではなく、ポストイットを張って先へ進みましょう。

それから、ノートを1冊用意してください。

さあ、準備ができたらついに本文へ入ります。

小説のオープニングは手ごわい

まず、小説のオープニングは手ごわいということを覚えておいてください。小説の出だしというのは、「昔々あるところにおじいさんのAさんとおばあさんのBさんが住んでいました」などという説明的な始め方はあまりしません。たとえば、ジョン・スタインベックの『怒りの葡萄』では、アメリカ中西部の大地が砂嵐と干ばつに見舞われて荒涼とした様子が延々と続きます。登場人物が登場するのは、15ページも後の第2章からです。ジェイン・オースティンの『高慢と偏見』では、脇役である女性たちの会話で幕を開けます。だれが主人公なのか、なかなかわかりません。犯罪ミステリでは、突然事件の真っ最中から始まり、そこから過去を振り返る形で語られるようなスタイルもあります。

英語の本では、本の最初や各章の最初に古典や聖書、著名人の言葉の引用を載せることがよくあります。こうした引用は、文脈を知らないと理解がとても難しいものです。

しかし、これらは本筋の理解とほぼ関係ないので、無視してしまってかまいません。

小説のオープニングがまったくわからなかったとしても、諦めるには早いです。次にできることは2つあります。そのまま飛ばすか、読み直すか、です。

読み直しは、英文の読解に非常に効果的です。1回読んでもわからなかった文章を2回、3回読むとわかってくることがあります。音読するとわかることもあります。しばらく時間をおいて読み直してみるといいこともあります。

数回読み直しても1ページ目がまったくわからないようなら、先へ進んでみましょう。概要に出てきた主要登場人物らしき名前が登場するところまでページを進めます。どこかの段階で、必ず人物紹介にあたる記述が出てくるはずです。そこでノートを開きます。

人物関係図をノートに書き出す

ノートを開いたら、人物名リストと、その横にわかった情報を書き出します。そして、人物関係図や家系図を書き出していきます。人物名のまわりに情報を追加したくなったり、人物間に線を引きたくなりますから、名前を少し離した位置に書くのがコツです。概要を確認した際に夫婦や親子関係が明らかな場合もありますから、整理して始めるときれいに図がまとまります。

性別や年齢などもわかったらメモしましょう。外国人の名前は、性別もメモしておかないとわかりにくいことがあります。その人物がやったこと、話したことをメモするのも役立ちます。

ただ、あまりノートへの記入に没頭すると、読書の妨げになります。最低限にとどめるのがコツです。

なお、この人物関係図の作成は、物語の世界に没入できたなら、いつでもやめてかまいません。私はほぼ毎回この作業をしていますが、登場人物全員の関係図が完成したことは皆無です。たいていは、物語の半分くらいまでで作成をやめています。構成にもよりますが、第1章を終える頃には何らかの関係図ができるはずです。

関係図を作るのが難しい？

読んだ英語の半分以上がわからない？

もしわからなかったら、まだその本は難しいかもしれません。ここで捨てるかどうかの判断をしてください。今はダメでも、1年後、2年後には読めるようになります。ギブアップして少し難易度を下げるのも、上達の方法です。

場面が変わったら最低限「いつ」「どこで」「だれが」を把握する

パラグラフや章が変わって場面転換があったら、常に5W1Hを把握しましょう。特に、「いつ（When）」「どこで（Where）」「だれが（Who）」を強く意識して、ノートに書き出しましょう。物語がわからなくなるのは、いつ、どこで、だれのことが語られているのかがわからなくなるからです。最低、その3つを整理します。

余裕があれば、登場人物の発言や行動の理由（Why）も考えてみましょう。さらに、何を（What）や、どのように（How）も書けるかもしれません。

5W1H

わからなくなったら5W1Hを整理する

When	いつ
Where	どこで
Who	だれが
Why	なぜ
What	何を
How	どのように

場面ごとの5W1Hが把握できれば、多少わからない英語があっても物語を読み進めていくことができます。あらすじを作ることもできますね。

英語で読書をしていると、目の前の1文にとらわれてしまって、物語の筋がわからなくなることがあります。木を見て森を見るのを忘れてしまう。そんな時にこのノートを見直せば、物語の展開を理解することができます。

人物関係図と同じで、5W1Hの書き出し作業も最後まで完成させる必要はありません。読書が順調に進むようになったら、そこでおしまいにします。人物関係図と5W1Hのノートは、感想や書評を書くときに重宝します。

心理描写と身体表現に慣れる

小説には、独特の言葉づかいがあります。何冊も本を出しているプロの翻訳者にも「小説は苦手だ」と告白する人が結構います。新聞やニュースの文章と語彙が違うからです。

小説に特有の感情表現語の例

beam	微笑む
grin	にやりと笑う
sneer	あざ笑う
chuckle	くすくす笑う
giggle	くすくす笑う
guffaw	高笑いする

frown	顔をしかめる
squint	目を細める
grimace	しかめっつらをする
scowl	顔をしかめる

grumble	ぶつぶつ言う
grunt	鼻を鳴らして不平を言う
murmur	小さな声で不平を言う
mumble	もごもご言う
whimper	泣き言をいう
whine	ぐすぐすと泣き言をいう

squawk	キーキー話す
groan	重たくうめく
moan	軽めにうめく
growl	うなる

たとえば、右ページの表のような心理描写と身体表現の単語は小説以外ではあまり使われません。

ただし、小説に固有の心理描写と身体表現でよく使われる単語は数百語です。小説を読み続けるうちに自然に学ぶこともできますが、ボキャビル（第3章を参照）で集中して暗記してしまうのも近道です。

名前の読みと愛称を押さえる

小説を読んでいて、登場人物の名前に戸惑うことは多いです。

まず、どう発音したらいいのかわからないことがあります。たとえば、2021年度のブッカー賞の受賞作に『Shuggie Bain』という人物名をタイトルにした作品がありますが、Shuggie Otisというミュージシャンがよく「シャギー」と和訳されていることもあって、「これってシャギーかな、シュギーかな」と迷いました。

こういうときは、Googleで"Shuggie pronunciation"のように名前＋"pronunciation"を検索すると、発音ビデオが見つかります。近年の英語の文学はグローバル化が進み、欧米だけでなくアフリカやアジア由来の人名も多く出てくるようになりました。文学好きの欧米人と文学の話をしていると、「ごめん、その名前は私も発音がわからないの」と告白されることがよくあります。彼らも、同じようにGoogleで発音を調べているのです。

本名と愛称の対応も知りましょう。たとえば、アメリカの元大統領のビル・クリントンの本名は、William Jefferson Clintonです。ウィリアムの相性がビルです。小説では、1回目はキャサリン何某だったのに、以降がキャスと呼ばれていたり、アンソニーがトニーになることがしばしば起きます。子ども時代は愛称で、大人になると本名に変わることもあります。

少し戸惑う名前の省略形の例

Anthony	Tony
Elizabeth	Liz
Eric	Rick
Isaac	Ike
Katharine	Kate
Laurence	Larry
Margaret	Peggy
Richard	Dick
Robert	Bob
Theodore	Ted
William	Bill

小説の3大難所：情景描写、複雑な文章、スラングや訛りの会話

英語小説を読むにあたって、3つの難所があります。情景描写、複雑な文章、スラングや訛りの会話です。

情景描写

情景描写の理解には、大量の前提知識が求められます。地名や歴史建造物のような固有名詞、花や樹々の名前、現地に生息する動物の生態、その国の人ならばだれでも知っている物事の知識などです。Wikipediaで関連項目を調べるのが手っ取り早いです。

情景描写については、あきらめが肝心です。5W1Hが把握できれば、花や鳥の名前がわからなくても先へ進めます。初心者のうちは、情景描写の半分くらいわかれば合格です。片目でつぶって世界を見ている気持ちで進みましょう。

複雑な文章

文学作品には、1つのセンテンスが何行も続く複雑な文章が登場することがあります。時には数ページ続くような前衛的な文体もあります。極端な例ですが、私が読んだことがある本の中では、2019年のブッカー賞候補になった"Ducks, Newburyport"（Lucy Ellmann著）がそんな本で、1センテンスが100ページ続く箇所がありました。

長い文章は、カンマや接続詞、関係代名詞、不定詞などで複数の節がつなげられ、引き延ばされています。慣れてくれば、適当なところで区切って読めるようになりますが、初心者には難しいものです。本選びをする段階で、1文の長さがなるべく短い本を選ぶのがおすすめです。

スラングや訛り

会話にスラングや訛りが登場すると、理解が難しくなります。アメリカの小説であれば南部の訛り、英国の小説であればアイルランドやスコットランドの訛りが入ってきて難しく感じることが多いです。犯罪小説では、スラングが大量に出てきます。歴史や宗教の小説では、古い英語が出てきて難しい読書になります。

こうした言葉には、辞書に載っていないものもたくさんありますが、インターネットを検索すれば出てきますし、同じジャンルや作家を読み続けると自然と覚えてしまうものです。しかし、初心者には難しいことは確かです。最初のうちは、方言やスラングの少ない作品を読むことをおすすめします。

方言、訛り、スラングを攻略する

英語の小説を読むうえで、私が最大の障害と思うのが、英語の多様性です。国別の英語があり、方言があり、スラングがあります。

日本人が学校で習うのは、アメリカ英語かイギリス英語だと思います。アメリカ英語、イギリス英語、オーストラリア英語、カナダ英語は、日常で使う単語に多少違いはありますが、小説を読むうえでは大きな支障はありません。アメリカ英語のエレベーターをイギリス英語ではリフトと言ったり、チェックをビルと言ったりしますが、どちらの語

アメリカ英語とイギリス英語の違い

アメリカ英語	イギリス英語
apartment	flat
check	bill
elevator	lift
eraser	rubber
fall	autumn
garbage can	dustbin
lawyer／attorney	solicitor
mailman	postman
penitentiary	prison
draft	conscription

で言われても比較的推測しやすい単語だからです。オータムをフォールというのも常識ですよね。

オーストラリア英語はイギリス英語に近いものですが、イギリス英語とも違う言葉が時々出てきます。たとえば、オーストラリアの小説によく見るのがuteです。これはutility truckの略で、後ろに荷台のついた軽トラックを指しています。ほかにも、カンガルーのような固有の動物、バーベキュー文化、アウトドア系に知らない単語があります。それほど数は多くないので、1冊読んだら慣れることができます。

国別の英語は、ほかにもカナダ英語、インド英語、シンガポール英語、中国人の英語などたくさんありますが、英語圏の文学を読んでいて、わからなくて困ったことはありませんでした。それより難しいのは、イギリスの方言やアメリカの地方の訛りです。文学では言葉の変化が文字化されるので、一瞬戸惑うことが多いです。たとえば、私が難解と感じたのはアイルランド、スコットランド、ウエールズの方言、アメリカの南部訛り、都会のスラングです。

アイルランド、スコットランド、ウェールズ方言

この3つの方言は、文学作品でよく使われます。イギリスとすぐ近くなのに、大きく

オーストラリア英語とアメリカ英語

オーストラリア英語	アメリカ英語
arvo	afternoon
barbie	barbeque
snag	sausage
thongs	flip-flops
sport	mate ／ pal ／ old man
roo	kangaroo
brekkie	breakfast
uni	university
Aussie	Australian
anbo	ambulance
defo	definitely

オーストラリア英語は短縮されて語尾がieやyに変化しやすい

グラスゴー訛りとアメリカ英語

グラスゴー訛り	アメリカ英語
ma	my
frae	from
aw	a
lit	like
whit	what
guid	good
cannae	cannot
telt	told
aye	yes
wee	little
mibbe	maybe
gonnae	gonna
ah	I
tae	to
afore	before
dae	do
lassie	girl
yer	your
awright	all right
didnae	didn't
youse	you（複数形）
wi'	with
mair	more
wummin	woman
eejit	idiot
hunner	hundred
the gether	together

変化した単語が頻出します。会話文だけが方言ならばまだわかるのですが、地の文も方言で書かれることがあります。

どれも手ごわいのですが、英語ネイティブにとっても最も難しいという定評があるのがスコットランド方言です。首都のグラスゴーを中心に話される訛りは、グラスウェイジアンと呼ばれます。YouTubeで検索すると、聞き取りにくい英語の代表格として多数紹介されています。グラスゴー訛りは、文字になった時も独特でわかりにくいです。

表は、2020年度にブッカー賞を受賞したダグラス・スチュアートの"Shuggie Bain"と、受賞後第1作"Young Mungo"に登場したグラスゴー訛りの例です。

アメリカ南部の訛り

アメリカ南部は、時代劇でも現代の物語でもしばしば舞台になります。南部の訛りは、ほかの地域よりも独特で、違いが大きいように思います。アリス・ウォーカーの『カラーパープル』、ウィリアム・フォークナーの『八月の光』、ジョン・スタインベックの『怒りの葡萄』など、アメリカ文学の歴史的傑作が南部訛りで書かれています。

訛りに近い変化として、教育を受けていない人間の英語があります。

■過去形が使えず、全部現在形
■三単現のSが使えない
■they、their、themの変化ができない

そんな話者がよく登場します。英語学習者は思わず「まちがっている」と突っ込みたくなりますが、こうした英語は現代でも使われているので、まちがいというより訛りの一種です。

方言と訛りは、もしも何冊も似たような作品を読むならば、かんたんなリストを作るのが賢いです。「こんなに違うんだ」と楽しみながら、頻出する20語くらいを表にしてみてください。そうすると、2冊目以降はかなりスムーズに読めて驚きます。

スラング

現代的な小説に頻繁に登場するのがスラングです。若者たち、業界人、犯罪者たち、警察や軍隊など、コミュニティがあるところに必ずスラングが生まれます。スラングと会えたら、生きた英語と出会えたと思って喜ぶべきです。

私は読書中、原則として辞書を引かないのですが、スラングかなと思った時だけは、

特例として辞書引きを解禁して、ネットを検索しています。辞書には載っていないことが多いので、Googleで単語＋meaningやdefinitionで検索するか、Urban Dictionaryのようなスラング辞書を使います。

- Urban Dictionary　https://www.urbandictionary.com/

ノンフィクションは序論を読めば理解できる

一般的に、ノンフィクションのほうが小説よりも読むのがかんたんです。一部の例外はありますが、欧米の知識人が英語で本を書くときには、理解が容易な統一フォーマットで書かれるからです。

日本の不思議な文章の様式に「起承転結」があります。日本人はあたりまえに思っているお手本ですが、欧米にはそのようなものはありません。欧米人に起承転結を紹介すると、ほとんどの場合「興味深いが論理的ではない」という意見をもらいます。特に「承」の存在理由がわからないのだと。

英語圏では、序論、本論、結論です。序論でいきなり結論が簡潔に述べられているのが普通です。ある意味では、序論さえ読めば何の本なのかを理解できます。まえがきと第1章です。その本にはそれ以上の凄いことは書かれていません。本論には、その結論を支持する詳細が書かれているだけです。結論は、序論を詳細にして繰り返しています。

英語のノンフィクションを読むのが文学よりもかんたんな理由がここにあります。序論が読めたらゴールは近い。途中の難しいパートを飛ばしても、ある程度まともな感想が書けます。読んだことにできるのです。そして、序論を読んで興味が持てない本は捨てる判断ができます。

速読要約に挑戦しよう

ノンフィクションの読み方の基本は速読です。

「精読できないのに、速読できるわけがない」

そう思いますか？　案外、そうでもないのです。速読は精読が困難な部分を飛ばすことですから、要領よくやればだれでも可能です。

このエクササイズを試してみてください。私はこの作業を10回くらい繰り返したら、読書スピードが顕著に上がりました。

①未読で興味がある内容の洋書を用意する
②1時間でその本を要約する（日本語で結構です）
③その本を人に勧めるスピーチをする

この課題を達成するには、速読、飛ばし読みが必要になります。

1時間のうち半分は、裏表紙の概要の熟読、目次の熟読、まえがきの確認に使うと効率的です。次に、1章を中心にぱらぱらページをめくりながら、見出しや太文字を中心に、重要そうに思える内容を拾います。そして、理解できたことをノートに箇条書きしていきます。時間切れになったらそこで終了して、スピーチを始めます。

要約しやすい本とそうでない本があります。タイトルと副題に数字（個数など）や質問が入っている本を探してみてください。このエクササイズに向いている本が多く見つかると思います。私が読んだ本で例を挙げてみます。

■"The Inevitable: Understanding the 12 Technological Forces That Will Shape Our Future"
↓12の力を箇条書きにすればいいと思います。

■"Major Labels: A History of Popular Music in Seven Genres"
↓7つの音楽ジャンルにひと言コメントすれば骨格ができますね。

■"Marketing 5.0: Technology for Humanity"
↓マーケティングの1.0〜5.0を整理すればいいでしょう。

■ "After Steve: How Apple Became a Trillion-Dollar Company and Lost Its Soul"
→このように質問形式の本ならば、答えを簡潔にまとめます。

この本なら「3兆ドル企業になった成功とは何か」「魂を失ったと言われる失敗とは何か」の2つをまとめればいいです。

「これは何の本なのか?」という質問に答えることが基本です。

もしも残り15分になっても何も手がついていなかったら、裏表紙や袖の概要を和訳してしまいましょう。これはかなりずるいやり方ですが、最短の要約は概要そのものになることが多いです。このエクササイズでは、とにかく時間内にアウトプットを作ることが重要です。

これは、専門職の現場に放り込まれた新人、一見すると無茶に見える読書を課す大学院の授業と同じ体験です。指示された本を精読する時間はないので、速読して内容の骨子を自分のものにするしかありません。負荷がかかりますが、この練習を繰り返すと、「精読できないのに速読できる」能力が身につきます。英語が難しくて飛ばした部分は、数年以内に理解できるようになります。

速読要約の練習の後、時間制限なしで本を読むと、解放感を感じると思います。少し読むのが速くなったはずです。正確には「飛ばすのがうまくなった」のですが。普段の読書では、自分が読める最高のスピードを出すことを意識してください。

読書スピードがゆっくり過ぎると、本の全体像が逆にわからなくなることがあります。1冊の本を1か月、2か月もかけて読んだら、前半の内容を忘れてしまって当たり前です。本は一定のスピードで読まれることを想定しています。カタツムリの速度の語学学習者を想定していません。音楽を低速で聴くのと同じで、本の魅力が損なわれます。特にノンフィクションでは、読書スピードを常に意識しながら読んでみてください。

私は、日常の読書では1時間おきに読めたページ数を確認しています。後述する読書SNSのGoodreadsに読んだ本を登録することで、毎月や毎年何ページ読んだかも把握しています。昔流行った記録式ダイエットと同じで、数字を意識するだけで効果があります。

ノートを取ろう

ノンフィクションでは、ノートを取りながら読書することで、内容の迷子になることを防ぐことができます。紙のノートとペンでなくても、携帯のメモに書くのでもかまいません。1章が終わるごとに、ひと言でキーメッセージをまとめる、キーワードを数語書きなぐる程度でも、内容の理解が容易になり、その分、英語に意識を集中させることができます。慣れてきたら、英語で要約を書くとさらに理解が深まります。

英語が難しくて内容がよくわからなかったとしても、「これがキーワードかな」と思える言葉がわかったら、それをメモして、その部分は読めたことにしましょう。そうやって進んでいくと、キーワードの点が線につながって、だんだん全体を想像できるようになります。最初のうちは、この程度の理解でも、本を1冊読めたとしてかまいません。

本を読みながら辞書を引かない

フィクションでもノンフィクションでも、本を読む時に英和辞書を引かないことをおすすめします。それには次の3つの理由があります。

①流れが止まる
②日本語を見てしまう
③まだ「覚え時」ではない

流れを止めることは、小説では致命的です。物語の世界に没頭していたのに現実世界に引き戻されてしまいます。英語世界から日本語世界に戻ってきてしまいます。そして、辞書を1回引いても、案外すぐ忘れてしまうことが多いです。

私は、日常の読書時間の90％で辞書を使いません。わからない単語はそのままにしておきます。意味は、文脈から推測できる場合があります。ずばり「それが何か」わからなくても、「何でないか」はわかるはずです。何度も何度も目にすると、やがてその単語の輪郭のようなものが見えてきます。輪郭が見えた時が「覚え時」です。辞書を引きましょう。深く記憶に刻まれます。私は最初に見てから1年間くらいして辞書を引くこともありました。

単語がわからず、宙ぶらりんな気持ちで読書をすることに慣れましょう。大人の本を背伸びして読む子どもの気持ちになってください。難しいページは飛ばしてよし。最後までたどりついたら、読めたことにします。内容を精確に知りたければ、日本語版を読んだり、映画を見ましょう。ネットであらすじや要約が見つかることもあります。

最初の1年間は、本を完全に理解できると思わないことです。それが学校英語の精読、和訳の学習と大きく違うところです。今はわからなくていい。続けてさえいれば、1年後、2年後にはわかります。最初のうちは「半分くらい理解できた」と思えるなら、適切な本のレベルを読んでいます。

読みながらの辞書引きはおすすめしませんが、それが負担でなく楽しめるときはどんどん引けばいいと思います。読書中にわからない単語があるページに付箋を貼っておき、後でまとめて調べるのもいいやり方です。付箋が10枚、20枚たまったら、お気に入りのお茶とお菓子を用意して、余暇として取り組みましょう。至福のティータイムになります。

数字に慣れよう

英語を使っている時、数字の表現で戸惑うことがありませんか？

たとえば、ネイティブにモノの値段を言われたときに、それが直感的に高いのか安いのかわからなくて計算してしまったり、モノのとてつもない大きさ（小ささ）を言われたときに、適切に驚いてあげられなかったりしたことはないでしょうか。数字が出ると、頭が計算モードに使われて、英語力が落ちてしまうのです。

数量と数値表現に慣れると、英語の実践力がググっと底上げされます。そして、数字の克服は意外とかんたんなのです。読み上げ練習で、1週間で身につけることができます。

大きい数

1兆までの数が言えるのは必須事項です。大きな数に3桁ずつコンマを振って、朗読する練習をしましょう。1〜999の数字に、桁であるサウザンドやミリオンがつくだけです。カンマの数が1つなら千で、2つあったら百万です。1時間も練習したら、1兆までスラスラと読み下せるようになります。

日本人が特に苦手なのは、日本語の体系と異なるhundred thoushand（10万）と、hundred million（1億）でしょう。頭の中で掛け算が発生すると、直感的に理解できなくなります。この2つは、それぞれhundred-thousand、hundred-millionという単位なのだと意識するといいでしょう。

読み上げができるようになったら、次は数字の大きさに対する生活感覚を刷り込みます。


「時給10万円のアルバイトがあるとしたらどんな内容だろうか？」

「100万円が道に落ちていた！」

「1億円あったら何をしよう？」

「ビリオネアっていくら持っている人？（10億）」

「GAFA（Google, Apple, Facebook, Amazon）の株価の時価総額は何兆円？」

1兆までの数字

1	一	one
10	十	ten
100	百	
1,000	千	thousand
10,000	万	
100,000	十万	
1,000,000	百万	million
10,000,000	千万	
100,000,000	億	
1,000,000,000	十億	billion
10,000,000,000	百億	
100,000,000,000	千億	
1,000,000,000,000	兆	trillion

こんなことを英語で想像したり、だれかとディスカッションしてみてください。そして、大げさに驚いてみましょう。法外な数字、驚くべき数字だという感情をたっぷり込めて発音してみましょう。

西暦

数量表現と一緒に覚えておくといいのが、1980のような西暦の年号の読み方です。読み方なので読書の時には困らないのですが、リスニングやスピーキングでは必須の知識です。年号はさまざまなシーンで頻繁に使われますから、直感的に理解できないといけません。この知識は知っているだけではだめで、相当な回数の訓練をして慣れる必要があります。

1984年には、2種類の表現があります。

①One thousand ninety hundred eighty four
②nineteen eighty four（19と84で分けて言う）

一般的には、後者が使われます。この言い方を徹底的に感覚化しましょう。

まずnineteenと言われたら「19だから20世紀のことなのだ」と意識して、続く2つの数字を聴きとります。その際、純粋に数字を想起すると同時に、それぞれの年代の出来事を映像化してみましょう。たとえば私は、1929年の世界大恐慌、1945年の第二次世界大戦終戦、1962年のキューバ危機のようなニュース映像を絡めて想起するようにしています。

twentyと言われたら21世紀のことだと意識して、続く数字を聴きとる練習をします。日常の話題のほとんどは20世紀か21世紀のことなので、最初の19と20に反応できれば事足ります。マスターしたら、18世紀やそれ以前の世紀についても慣れてみるといいでしょう。

年号で少し厄介なのが、1901〜1909のように十の桁に0がある場合です。これはオーと読みます。1901はnineteen hundred oneでも通じますが、nineteen o oneと読む人が多い。

2000年はtwo thousand、2001年はtwo thousand oneですが、少しややこしいのは2010はtwo thousand tenでもtwenty tenでもいいことです。私は2桁+2桁のルールを徹底して、twenty tenを使っています。

単位の変換

長さ	
1インチ	約2.5センチ
1フット	約30センチ
1ヤード	約0.9メートル
1マイル	約1.6キロメートル

重さ	
1オンス	30グラム
1パウンド	450グラム

単位の変換

読書では、頻繁にアメリカの単位が登場します。

温度

厄介なのが、温度を表すのに一般的に使われる摂氏と華氏です。

- 摂氏(C)=日本が採用
- 華氏(F)=米国が採用

水が凍る凝固点0℃=華氏32°F、お湯が沸く沸点100℃=華氏212°Fです。

ですが、摂氏は沸点の100分の1

華氏と摂氏の換算

華氏32度	0℃	水が凍る
華氏96.8度	36℃	人間の平熱
華氏212度	100℃	水の沸点
華氏451度	233℃	紙が自然発火する温度 （有名なSF小説のタイトル）

が1Cであるのに対して、華氏は180分の1が1Fです。摂氏と華氏の換算は複雑で、直感的には難しいです。ややこしい計算があることを知ったうえで、せめて上の表にあるような数字を把握しておくといいと思います。

難しい本とやさしい本の両方を同時に読む

インプット理論に従うならば、読書ではi＋1の、自分の実力よりも難易度の高い本を読むことが理想です。しかし、多読の理論では、むしろi－1やi－2のような難易度の低い本を読むほうがいいとされています。私はどちらも真理だと考えます。難しい本ばかりでは疲れてしまいますし、大人なのだから子ども向けのようなやさしい本ばかりを読む気にならないという人もいるでしょう。大人向けの読書でおすすめしたいスタイルは、難しい本とやさしい本の同時読みです。

難しい本とやさしい本の両方とも、読みたい本を読むことが重要です。学習のためだからといって、興味のない内容のやさしい本を読むのは退屈になって続かないでしょう。そこで私は、いいやり方を発見しました。関連するテーマの難しい本とやさしい本を同時に読むのです。

同時読みのためには、多読学習で使われるやさしい英語の本が向いています。たとえば、私は有名人の伝記の一般書を読む際に、ペンギン・ランダムハウス社から出ているWho HQ（Who is）シリーズを愛用しています。このシリーズは、イエス・キリストからスティーブ・ジョブズまで、古今東西の偉人の人生を100ページ程度でまとめた小冊子です。英語圏の小中学生向けの読み物ですが、侮ってはいけません。教育目的だから丁寧に書かれたものが多く、大人が知っておくべき事柄が整理されています。私の本棚には、30冊以上のWho HQシリーズがあります。

私は、一般書と組み合わせてWho Isを同時に読んでいました。

- ■スティーブ・ジョブズの評伝を読む前にWho Isを読む
- ■ヘミングウェイの作品を読む前にWho Isを読む
- ■リンカーンの登場する小説を読む前にWho Isを読む

という具合です。このシリーズには、Whoだけでなく、WhatやWhereもあります。テーマが関連するものを見つけてセットで読んでいくのがおすすめです。たとえば、私は続けて次のような本を読みました。

スティーブ・ジョブズ

Steve Jobs（Walter Isaacson）

＋

Who Was Steve Jobs?

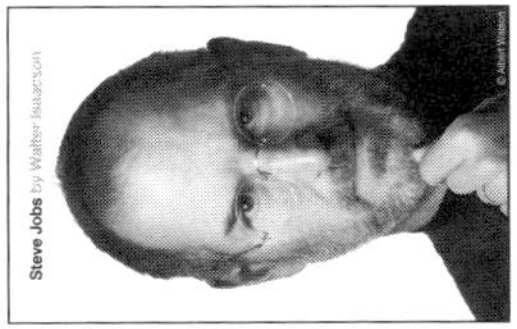

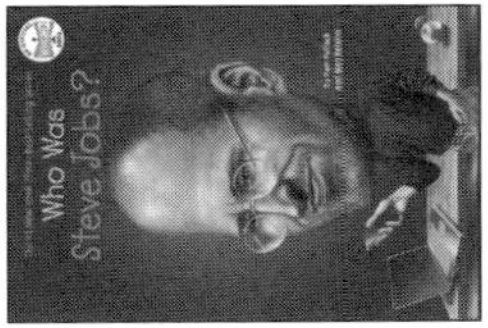

ディズニーランドの歴史

Disney's Land: Walt Disney and the Invention of the Amusement Park That Changed the World（Richard Snow）

＋

Who Was Walt Disney?

＋

Where Is Walt Disney World?

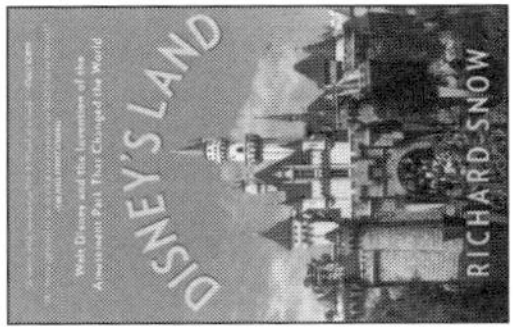

要約版シリーズとオリジナルを同時に読む

私は古典を読む際に、よく要約版とオリジナルを同時並行で読んできました。要約版で概要を把握してから読めば、オリジナルを理解しやすくなります。

しかし、このやり方だとオリジナルでストーリーを知る楽しみが奪われてしまいます。それを避けたい場合は、要約版を読まずにとっておき、オリジナルで難しい章があったら要約本を読んでその個所を飛ばすという使い方がいいです。一種のカンニングですね。オリジナルを読み終わってから答え合わせ的に要約を読むのも賢い方法です。ぼやけていた輪郭がはっきりします。

有名な要約版シリーズとしては、Oxford Bookworms シリーズがあります。たとえば私は、洋書読書を始めた頃、小説"The Joy Luck Club"を読む際に、要約版も同時に読んでいました。自転車の補助輪のように機能して、物語をよく味わうことができたのを覚えています。

The Joy Luck Club

+ Oxford Bookworms Library: The Joy Luck Club: Level 6: 2,500 Word Vocabulary
(Oxford Bookworms Library: Stage 6)

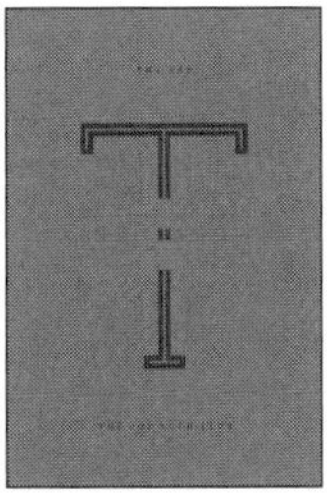

20世紀初頭のサンフランシスコで、中国移民4人の高齢女性たちが麻雀をしながら家族の話を交わす集まりの名前がジョイラッククラブです。彼女の娘たちはアメリカ人として生まれ育っており、親世代とは違った価値観を持っています。波乱の時代を生きてきた母親たち世代と、あらたな時代を生きる娘世代の絆を感動的に描く小説で、映画もよく知られています。

映画の字幕版シリーズと小説を同時に読み、映画も見る

株式会社フォーイン スクリーンプレイ事業部が出版するスクリーンプレイシリーズも、副読本として最適です。映画の字幕が全文対訳つきで掲載されています。

映画を見て、スクリーンプレイを読んで、原作小説を読む。3回も同じ話を繰り返すことになりますが、映画と原作との違いを楽しみましょう。映画では会話とナレーションのみですが、原作には情景描写や心理描写の表現があり、違った言葉を学べます。

オリジナルが読み通せなくても、要約を読み切ったら2冊とも読めたとカウントして、次の本へ進みましょう。オリジナルが読み切れないと少し悔しい思いが残るかもしれませんが、そういう時は

「その本を読めたとして、1年後にどれだけ内容を覚えているだろうか？」

と私は自分に問いかけています。きっと細かいことまで覚えていません。粗いあらすじとキーワードくらいしか頭に残っていないはずです。要約版が理解できたら、一般書のほうも「その作品は読めた、理解できた」と考えましょう。そして、2冊読めたとカウントして、次へ進むのです。その時、本当は読めなかった難しい本も、本を大量に読んでいれば、数年後には読めるようになっているものです。

ここでは、私が読んだ同時読みセットをさらに2セット紹介しておきます。

チップス先生さようなら＋Goodbye, Mr. Chips

イギリスの公立校の普通の教師の半生を感動的に描いたジェームズ・ヒルトンによる1934年の小説が原作。1939年のロバート・ドーナット主演版と、1969年のピーター・オトゥール主演版の有名な映画があります。原作小説は短編で読みやすいものです。

プラダを着た悪魔 再改訂版＋The Devil Wears Prada

ジャーナリスト志望の女性が、有名ファッション雑誌社で悪魔のように横暴な編集長のもとで働き、成長していく物語。アン・ハサウェイとメリル・ストリープが主演した、とてもファッショナブルな映画です。

Column

大人の知識を武器にする

40代以上で英語を勉強する時に、学生よりも有利なのは、常識や専門知識を持っていることです。たとえば、TOEICの試験はビジネスの世界を知っている社会人がずっと有利です。書かれている内容に想像がつきます。専門書、技術書を読むのだって、知識がある大人がずっと有利です。多様で豊かな経験を持っている大人のほうが、文学を深く味わうことができます。

ところが、英語に慣れないうちは、日本語の知識のデータベースをうまく使えないことがあります。対応する英単語がすぐ出てこないからです。たとえば、私は外国文学が好きでたくさん読んできましたが、外国人と文学の話をする際に、原題を知らないために、話が止まってしまうことがよくありました。映画や音楽でもこれはよく起きました。対策には、文学の歴史を紹介した英語の本が役に立ちました。有名作品や作家の名前

(の発音)を知って、両言語の知識の対応表を作るのです。たとえば、私はこんな本を読みました。

The Great American Read: The Book of Books: Explore America's 100 Best-Loved Novels

(Jessica Allen, PBS)

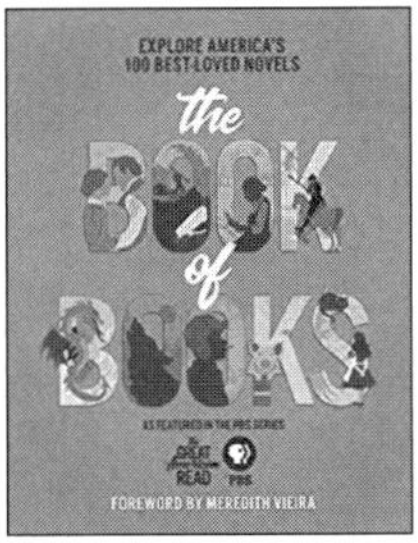

アメリカで最も愛された１００冊の小説を紹介する大型本。２０１８年に米国公共放送ＰＢＳが大規模なアンケートをもとに１００冊を選出し、連続テレビ番組として放映しましたが、これはそのテレビシリーズの書籍化です。オールカラー大型本で、１冊ずつ見開きで小説の内容と、作品の背景、与えた影響などが紹介されています。

How the Internet Happened: From Netscape to the iPhone

(Brian McCullough)

文学に限らず、自分の業界の歴史を振り返る英語の本を読むと、手持ちの知識との接

続がよくなります。私はＩＴ業界出身なので、しばしばコンピュータやシリコンバレーの歴史や有名人の評伝を読んでいます。

たとえば、インターネットの歴史を振り返るこの本は傑作です。インターネットの四半世紀（１９９３〜２００８）を、ユーザー目線で詳細に描いています。Netscape、Microsoft、AOL、Pathfinder、HotWired、Yahoo、Amazon、eBay、Google、Napster、iPod、iTunes、Netflix、PayPal、AdWords、Blog、Facebook、Palm、BlackBerry、iPhoneなど、ＩＴ業界の話題が英語で学べます。

こんなふうに、文学史や技術史の本を英語で読むと、日本語で持っていた知識のデータベースの英語版が私の脳内にインストールされました。ほかの知識でも、各分野の歴史の本、事典的な本を読めば、同じように英語データベースが構築されます。

そこで重要なのは、これからは英語の知識を日本語に翻訳しないことです。英語漬けの生活にして、英語データベースをメインに使うように意識しましょう。次第に日本語の知識にアクセスする必要がなくなります。英語で独立して物事を考えられる頭になっていくのです。

購入する数の10倍ぐらいの候補を洗い出す

多読で英語力向上をさせるうえで、一番重要なのは本選びです。

本当に感動する1冊と出会えれば、その1冊だけで英語力はぐんと向上するものです。逆に、ハズレが連続したり、読んだけれども面白さがわからなかったという体験が続くと、読書習慣が続きません。ハズレの本を引きたくないですよね。だから私は、本選びにかなり長い時間と集中力を使っています。

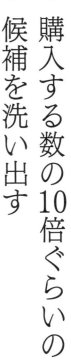

私は月に10冊以上の洋書を購入しますが、その10倍くらいの数の本の購入を検討しています。面白そうな本の情報をキャッチしたら、とりあえずGoodreads（後述）のWant to Readに登録してコミュニティの評価を確認し、メタ書評サイトのBook Marks (https://bookmarks.reviews/）で主要書評サイトにおける専門家の評価を確認します。アマゾンの立ち読み機能を使って英語の難易度も確認します。

毎月、購入候補の書籍をExcelに書き出し、次の観点から5つ星で評価してみて、上位の本を購入しています。

■娯楽性
■専門性
■実用性
■話題性
■ページ数

検討して買わない本のほうが多くなりますが、この作業は無駄ではありません。ここで検討された本というのは、何かしらの価値があるものだからです。その後、決め手となる新しい書評を読んで、読みたくなり、購入することも多いです。

読む本はどこで見つけるか

では、読むべき本はどこで見つければいいでしょうか。手がかりとなる情報源をまとめました。

文学賞受賞作品から選ぶ

文学賞の受賞作品は、優れた作品が多いだけではなく、批評や口コミがたくさんあり、翻訳が出やすい点でもおすすめです。映画や舞台になることもあります。

過去の作品ならば、翻訳版を手がかりに読むことができます。洋書に慣れてきたら、候補作発表の時点で読み始めて、どれが受賞するかを考えるのが楽しいです。

文学賞から選ぶ場合には、賞の性質を考える必要があります。たとえば日本の小説ならば、芥川賞と直木賞では選ばれる作品の性質が違いますね。純文学の中短編に与えられる芥川賞のほうが難解な作品が多い。本屋大賞のように、文学性というより読みやすさや面白さを評価する賞もあります。海外の文学賞も同じです。
おもな文学賞と特徴は、巻末付録を参照してください。

ブッククラブで知る

欧米では多数のブッククラブが存在しており、情報の発信源になっています。毎月おすすめ本を格安で買える会員組織が基本ですが、多くはInstagram、Facebook、Twitterを運営しており、正式に入会せずとも紹介を見ることができます。ブッククラブは、女性向けの本が充実しています。

■リースのブッククラブ
https://reesesbookclub.com/
→映画女優であるリース・ウィザースプーンが始めた、大人気のブッククラブ。

■Between Two Books ブッククラブ
https://www.betweentwobooks.co.uk/
→本の売れ行きを左右するビッグネームのサイトもチェックすると話題の本が見つか

ります。

ブックトークに参加してみる

図書館や本好きの有志が開催する、ブックトークというイベントがあります。何らかのテーマを決めて、参加者がおすすめ本を簡潔に紹介していくものです。紹介する本がない人は聴いているだけでいいというルールの会も多いです。私が館長を務めているデジタルハリウッド大学でも、「たどくらぶ」という名前で定期開催しています。探してみてください。

ブックトークでは、英語の本を日本語で紹介します。参加者は英語を学習中の人が中心なので、紹介されるのは絵本や児童書、ヤングアダルト、やさしい一般書が多いです。しかし、中には英語が相当できて翻訳の仕事をしている人がマニアックな面白い本を紹介してくれることもあります。

■地域の「多読の集まり」
https://tadoku.org/english/meet-tadoku-people/

私は、月1回程度のペースでブックトークに参加しています。イベントによって異なりますが、1人の発表者がだいたい5分から10分くらいで本を1冊または複数冊紹介します。1回参加すると、10冊～20冊くらいの本を知ることができます。紹介者を観察すると、自分の好みに合いそうか、自分の英語力で読めそうか、判断がつきます。

本が面白かったら、次回参加した時に、教えてくれた人にお礼や感想を伝えましょう。いい読書仲間ができるかもしれません。こういうイベントで発表する人は、Twitterやブログなどで日常的に洋書の情報を発信していることもあります。そこからつながりがどんどん広がっていきます。

好きな本を手短に紹介するというのは案外難しくて、ぐだぐだになってしまう発表者をよく見ます。思い入れが強すぎて、自分のこだわりポイントをいきなり話してしまうからです。きっといい本なのに魅力が伝わらなくては残念です。

本を紹介する時には、表紙を見せながら、本のタイトル、著者名をゆっくり言ってから話しましょう。いきなり内容の話を始めてしまい、何の本だかわからなくなる失敗をよく見ます。そして、「ひとことで言うとどんな本か?」「何が面白いのか?」を事前に短くまとめておきましょう。アマゾンに書いてる概要をとってきてもいいと思います。メモにまとめておきましょう。

まず概要を1、2分で紹介してから、残り時間はアドリブで自由におしゃべりして、最後にまた書名と著者名を告げて終わると、だれでもわかりやすい紹介になります。

読書家・SNSから知る

英語圏の読書界のリーダーたちの発言をチェックしましょう。面白い本、話題の本がかんたんに見つかります。自分に合う人が見つかったらSNSをフォローします。

書店サイトで売れ筋を知る

欧米の有名書店のサイトも、情報が充実しています。

読みやすい作家にあたる

現代のミリオンセラーで話題の本は、ほとんどが読みやすいです。読みやすい作家のリストを挙げますが、たとえば日本人でもよく知っているホラー作家のスティーブン・キングだとか、映画にもなるダン・ブラウンのような超売れっ子の作品ですね。英語が難しい作品というのは、批評家の評価は高くても、数は売れないことが多いのです。

ビル・ゲイツ

https://www.gatesnotes.com/Books

マイクロソフト創業者で慈善家のビル・ゲイツは読書家として知られていて、定期的におすすめの本のリストを発表します。

オプラ・ウィンフリー

https://www.gatesnotes.com/Books

アメリカのテレビ番組の司会者兼プロデューサーで、オプラ・ウィンフリー・ショウの中でブッククラブのコーナーがあったことから本について絶大な影響力を持っている。

バラク・オバマ

元大統領のオバマ氏も熱心な読書家で定期的にインスタグラムなどでおすすめ本のリストを発表しています。

TiktokのBooktok

https://www.tiktok.com/tag/booktok

Tiktokで尺の短い動画で本がおすすめされています。若者の読書を中心に非常に大きな影響力を持っています。

欧米の有名書店

バーンズアンドノーブル

https://www.barnesandnoble.com/

アメリカ最大の書店チェーン。

シティライツ

https://citylights.com/

サンフランシスコにあり、言論の自由を擁護する活動の拠点のような存在。

Strand

https://www.strandbooks.com/

ニューヨーク、マンハッタンにある老舗の独立書店。Webに情報が充実。

Shakespeare and Company

https://shakespeareandcompany.com/

フランスのパリにあるながら英語書籍の書店。

Powell

https://www.powells.com/

オレゴン州にある大型の新刊・中古書店。

筆者が読みやすいと思う作家の一例

男性作家

スティーブン・キング　マイケル・クライトン
ダン・ブラウン　ジョン・グリーン
ジェフリー・アーチャー　ニール・ゲイマン
アーサー・ヘイリー

女性作家

エリザベス・ストラウト　アガサ・クリスティー
テイラー・ジェンキンス・リード
マーガレット・アトウッド　アン・タイラー
J.K.ローリング　E.L.ジェイムズ

日系

カズオ・イシグロ　ジュリー・オオツカ
ルース・オゼキ　ハニヤ・ヤナギハラ
アルマ・カツ　セコイア・ナガマツ
ケイティ・キタムラ

「世界最大の本の読者SNS」Goodreadsを使いこなす7つのポイント

私の読書の供はGoodreadsです。Goodreadsは、世界最大の本の読者SNSです。Goodreadsがなければ、私の英語読書はここまで続いていません。洋書の最大の情報源であり、読書継続のインセンティブの源でもあります。私は毎日ログインしています。使い方のポイントをまとめます。

①本を登録する

Goodreadsにアカウントを作成したら、次のように登録します。

- これまでに読んだ本　→　"Read"
- 読みたい本　→　"Want to Read"
- 今読んでいる本　→　"Currently Reading"

Goodreads

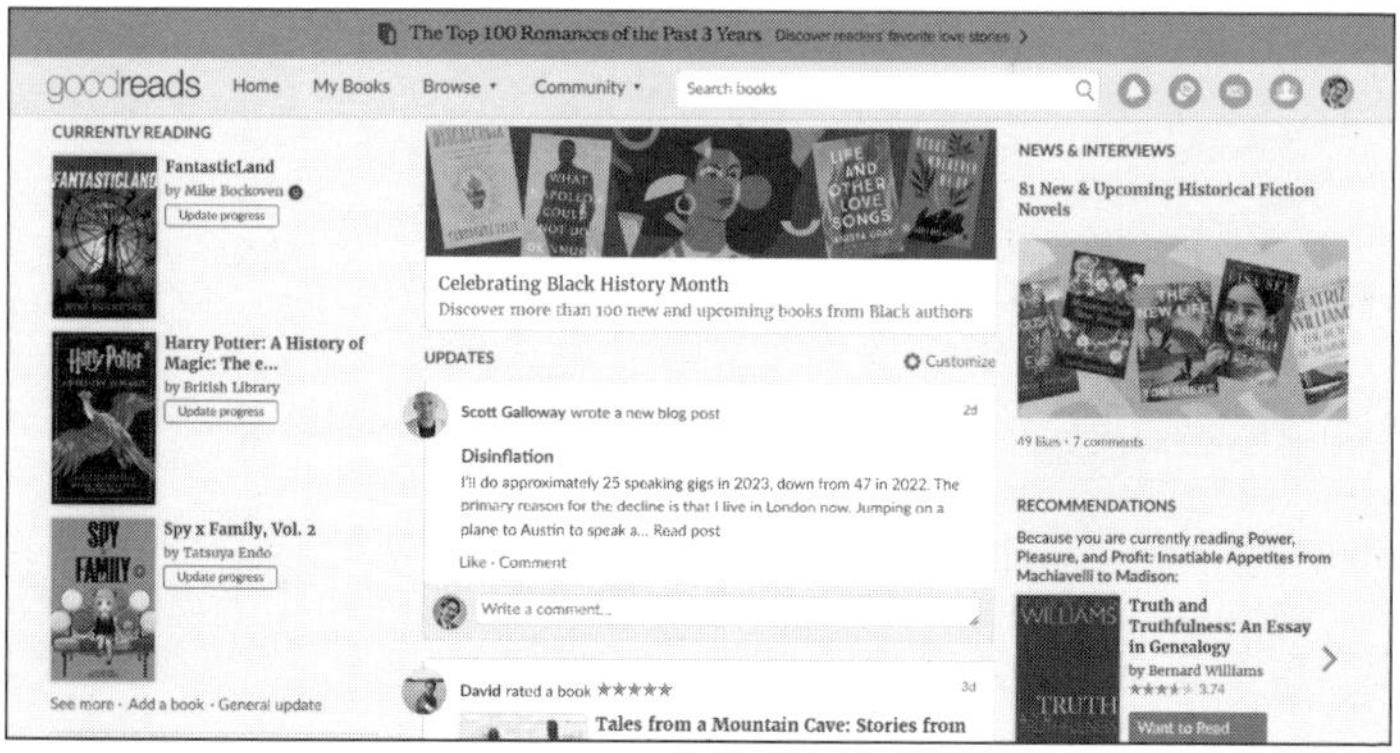

そして、読んだ本には5段階の評価をつけましょう。あなたのオンライン本棚が出来上がります。

紙の本の登録は、スマホのアプリを使うとかんたんです。カメラで表紙やバーコードを撮影するだけで登録できます。Kindleを使っている人は、アカウントを連動させることができます。好きな著者がいたら、検索して探してみましょう。多くの著者がユーザーとして登録しています。フォローしてみましょう。

これでセットアップが完了です。あなたへの本のおすすめが表示されるようになりました。興味のある本や評価を登録すればするほど、おすすめの精度が上がっていきます。おすすめの著者が新刊を出せば、お知らせが来ます。

②本を探す

私は、洋書店の店頭でスマホを使ってGoodreadsを検索し、本の評価を確認しています。世界最大のSNSだけあって、ベストセラーの本にはとてつもない数の評価、レビュー記事が集まります。たとえば、F・スコット・フィッツジェラルドの"The Great Gatsby"には、460万件の評価（平均3・93）と、88000本を超えるレビューが投稿されています。読み切れませんね。

ねらい目なのは、評価の数が1000を超えていて平均が4・0を超えている本です。Goodreadsの星の数というのは、おおよそ日本の食べログのように考えてもらうといいのですが、3・5を超えていたら名著で、4・0を超えていたら傑作の可能性が高いです。もちろんヤラセ評価もありますから、一定数の評価の平均であることが重要です。

専門書やマニアックな本の新刊では、評価が100に満たないことがあります。その場合は見極めが必要ですが、私の経験では評価平均が3・0を切っている本はやめておいたほうが無難です。

本の詳細を見ると、著者、出版社、出版年月、ページ数、異なる版という基本的な書誌データだけでなく、舞台となる場所、おもなキャラクターの名前、授賞した文学賞などもデータベース化されています。その本を読んだ人がほかに読んでいる本をたどれば、読みたい本が見つかるかもしれません。

Popular Quotesでは、本からの引用が投稿されています。気になるフレーズから本を探してみるのも楽しいです。

③人とつながる

自分の好きな本を絶賛しているユーザーを見つけましょう。プロフィールを確認して、フォローします。

そして、しばらく様子を見てみましょう。時々、自分の好みにそっくりなユーザーが見つかることがあります。私も数人ばっちり好みの合うネイティブのユーザーを見つけました。彼らの情報は、ＡＩのおすすめよりずっと正確です。

Goodreadsをアクティブに使っていると、出版社や著者とつながっていけます。出版イベントへの招待、新刊の献本提供、著者との直接のコミュニケーションができるようになります。

日本文化が言及された著作に対して、英語でレビューを書いてみるのがおすすめです。私は何人もの有名な著者とつながり、実際に会うことができました。有名な著者でも、

「はじめて感想を書いてくれた日本人」は特別扱いなのです。

④コミュニティに参加する

Groupsには、カテゴリ別に、数えきれない数の読者コミュニティがあります。何万人もの参加者がいる大グループもあれば、知り合いだけの小さなグループもあります。たとえば、SciFi and Fantasy Book Clubには3万人以上の参加者がいて、日々最新のSFファンタジーについて語っています。投稿せずに見るだけでも十分に楽しめます。小さなグループに入ってマニアックな本を探すのにも使えます。

⑤読書記録を管理する

読書記録の管理ツールとして、Goodreadsは最強です。読書統計（Reading Stat）には、毎月、毎年の読書のタイトル、冊数、ページ数、出版年度、読書時間、評価別タイトルなどがグラフで表示されます。一番長かった本や短かった本などの記録も楽しいです。詳細データはCSVで出力できるので、Excelやほかのツールで印刷したり、より深い分析を試みることもできます。

statの年度別グラフ表示

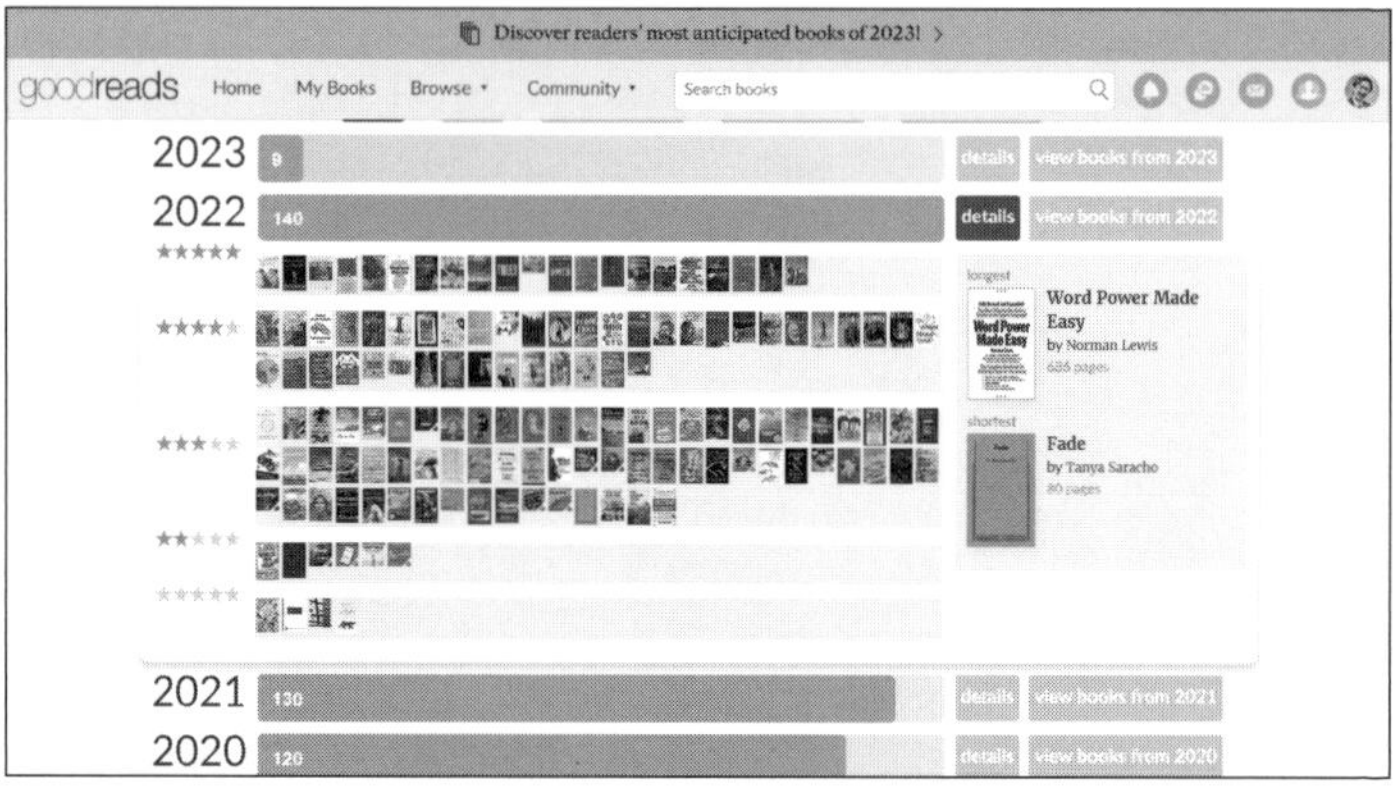

毎月の読書数

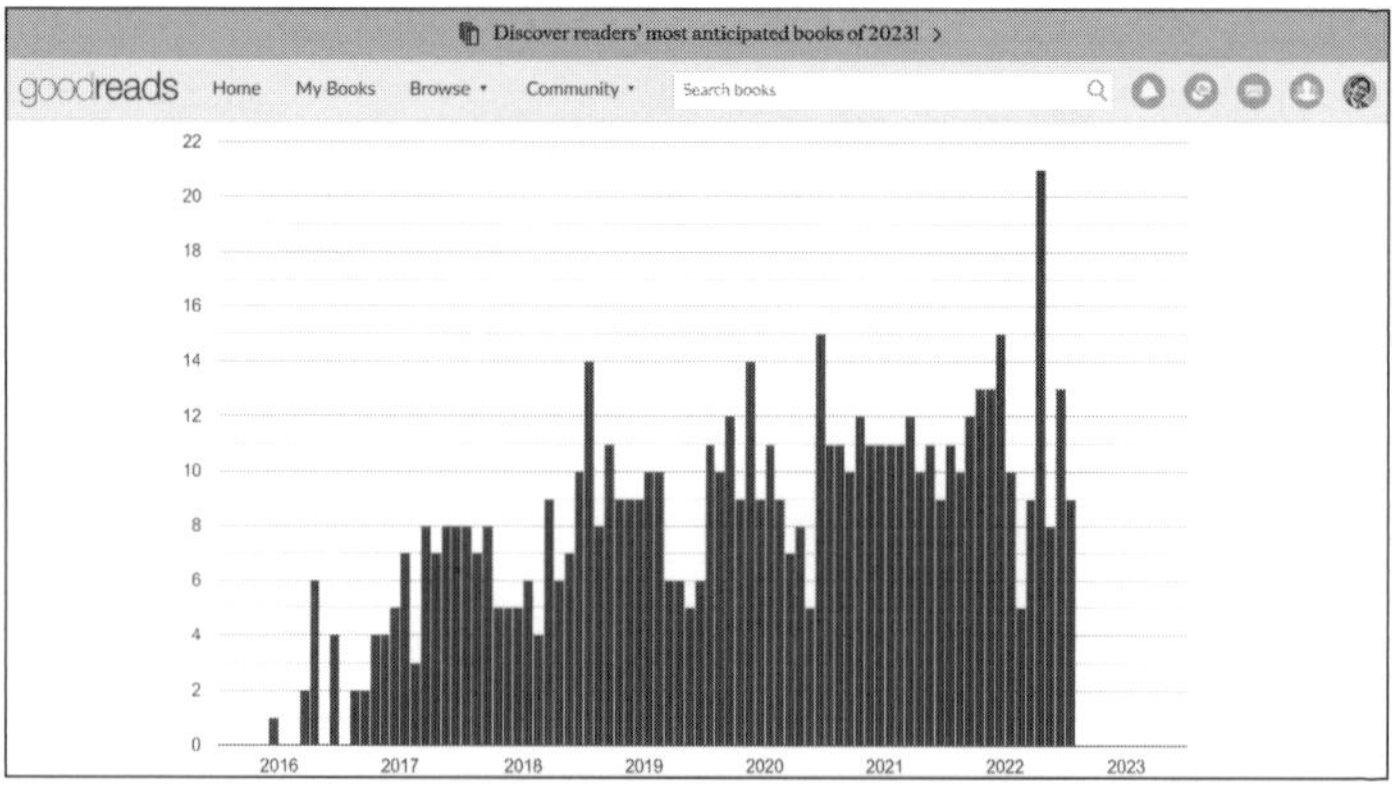

出版年度

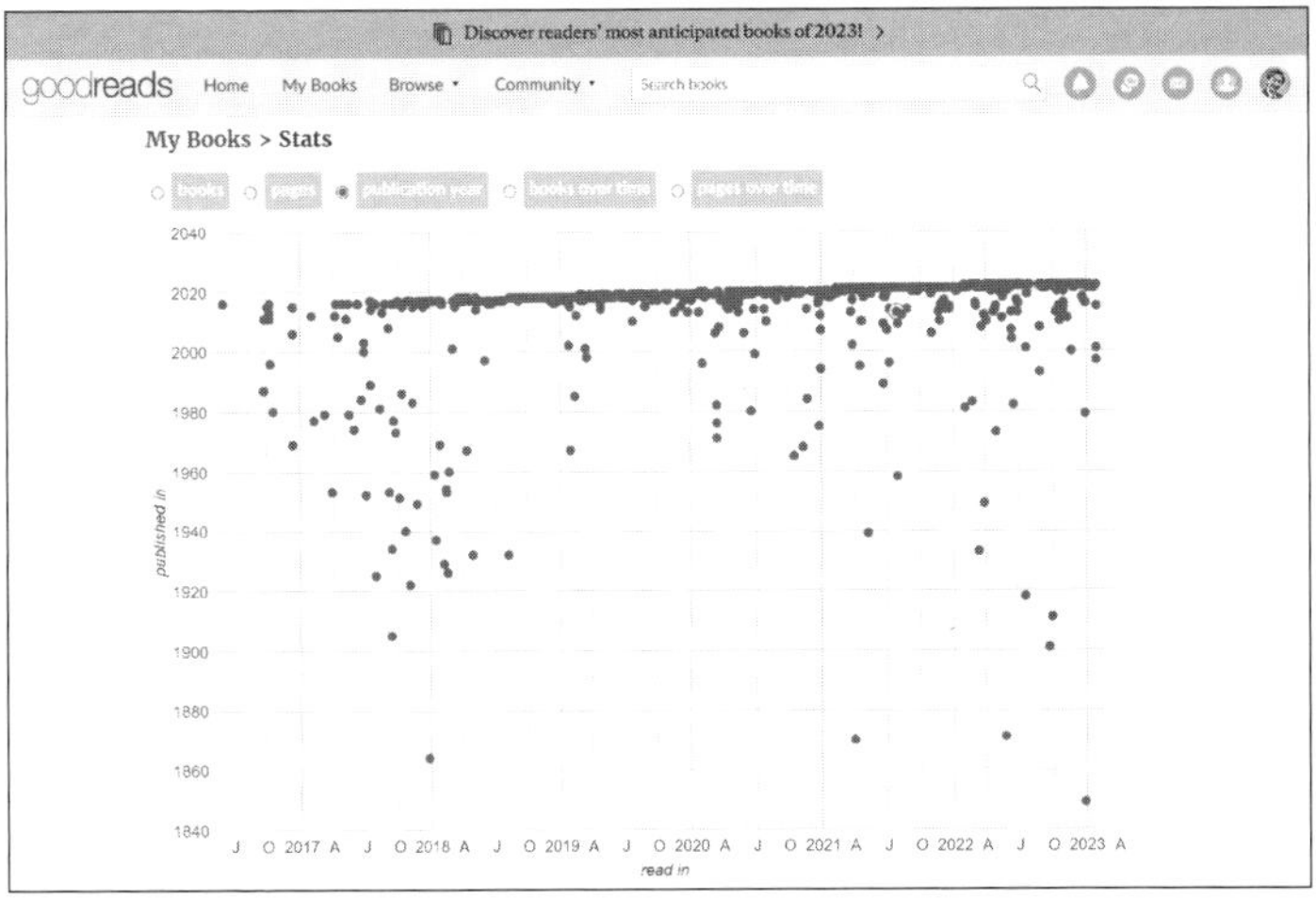
Discover readers' most anticipated books of 2023! >
goodreads
Home
My Books
Browse
Community
Search books
My Books > Stats
books
pages
publication year
books over time
pages over time
2040
2020
2000
1980
1960
1940
1920
1900
1880
1860
1840
published in
J O 2017 A J O 2018 A J O 2019 A J O 2020 A J O 2021 A J O 2022 A J O 2023 A
read in

⑥Reading Challengeに参加する

Goodreadsを使うならば絶対に挑戦してほしいのが、Reading Challengeです。年初に1年間に読む本の冊数を宣言して、その達成を競うチャレンジです。2022年度には、660万人以上のユーザーが参加しています。

Reading Challengeに参加すると、毎日、達成するためのペースメーカーが表示されます。今のペースなら今日の段階で○冊上回っていますとか、下回っていますという情報です。私は2017年から毎年達成してきましたが、自分が読めそうな冊数の半分くらいにして登録するのが

Reading Challenge

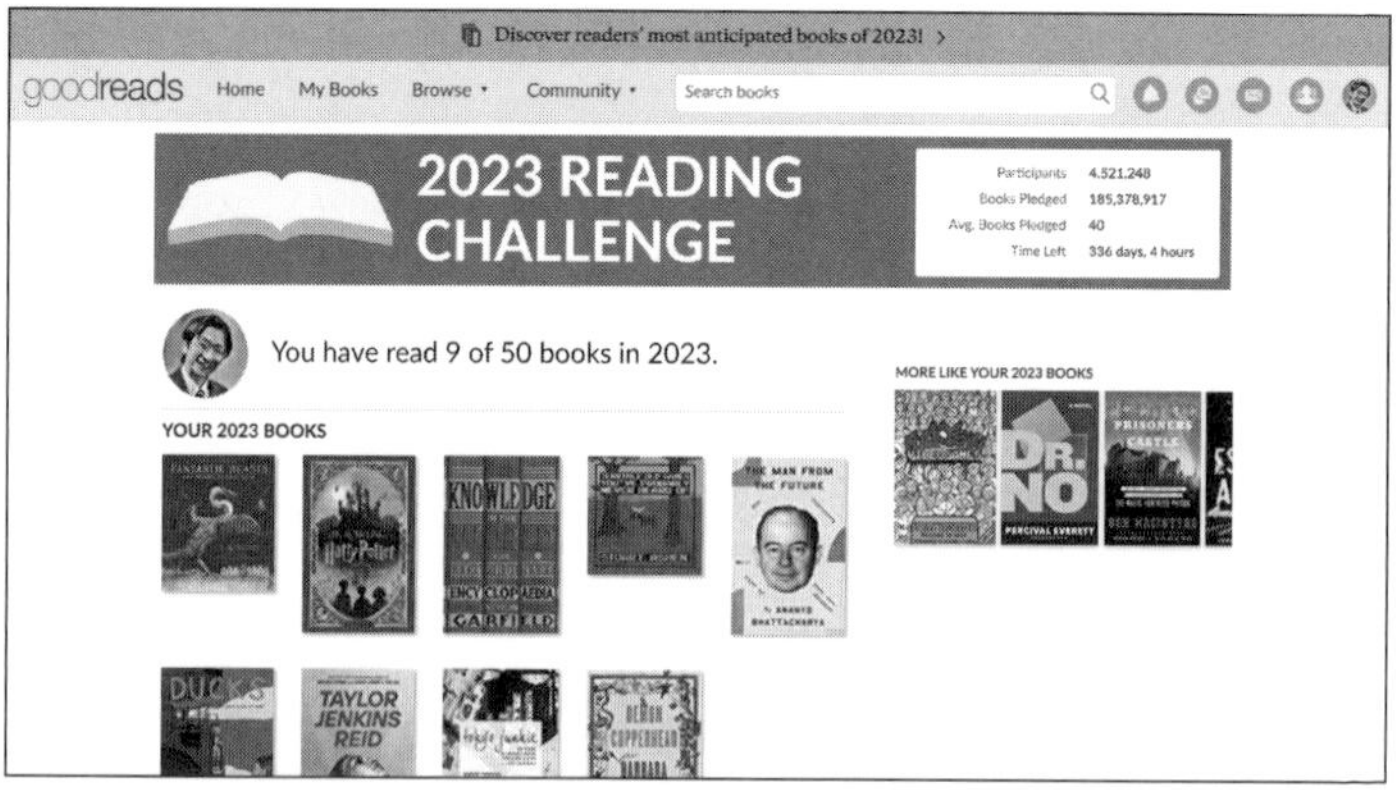

おすすめです。常にペースを上回っていると気分が爽快だからです。

⑦News and Interviewsをチェックする

Goodreadsは、本のニュースサイトとしても一流です。ニュース&インタビューやブログのコーナーは、最新の本の情報であふれています。季節性のテーマ別特集もいいですが、情報量がとにかく多い。選ぶ必要があります。

私が常時チェックしているのは、"7 Great Books Hitting Shelves This Week"のような毎週の新刊情報と、"Readers' Most Anticipated December Romances"のような最も期待されている近刊の情報です。この2つをアップデートしていれば、洋書通と言えるでしょう。

ＡＩを使って英語の読書を進化させる

近年のＡＩ技術の進化は目覚ましいものがあります。人間が文章で問いかけると、インターネット上から情報を収集して、役立つ答えを文章で返してくれるようになりました。じつは、英語の読書にもＡＩは大いに活用できます。

ここでは、２０２３年2月に公開されたマイクロソフトのBingのチャット機能を例にして、ＡＩをどう使ったらいいかを解説します。

■ Bing　https://www.bing.com/

同様のことが、ほかのＡＩでもできます。

■ ChatGPT　https://openai.com/blog/chatgpt/

■ Perplexity.ai　https://www.perplexity.ai/

こうしたＡＩは日々進化し、サービスも増えていきますが、読書をする人間がどんな質問をしたらいいかは変わらないはずです。

ここでは、私の質問とＡＩの回答を掲載します（ＡＩがこれらの回答を作るのに利用したＵＲＬも提示されますが、長いのでここでは割愛します）。まるで自分専用の司書を雇った気分になれます。

①これから読もうと思っている本の難易度を教えてもらう

【質問】

"The Buddha in the Attic" by Julie Otsuka を日本人が英語で読むのはどのくらい難しいのでしょうか？

【ＡＩの回答】

この小説は、アメリカの作家ジュリー・オオツカが書いた、日本からアメリカに移民した写真婚の女性たちの物語です。オツカの２作目の小説で、２０１１年に全米図書賞にノミネートされました。

この小説のＹＬレベルは、検索結果には出てきませんでしたが、以下のように推測できます。

ＹＬ７・０〜８・０

この小説は、文体が特徴的で、一人称複数形で書かれています。また、時制や文法が変化することがあります。語彙は難しくないかもしれませんが、読解力や推測力が必要です。

日本人が英語で読むのは、それほど難しくないと思いますが、文化や歴史の背景を知っていると理解しやすいでしょう。また、登場人物の感情や思想に共感できると、より楽しめると思います。

私の質問に対して、ＡＩは、英語の難易度を定義するＹＬレベルを使って答えてきました。ＹＬレベルとは、英語多読を推進しているＳＳＳ英語多読研究会が設定している、

本の読みやすさを評価する共通の基準です。0・0〜10・0の数字で表し、高いほど難易度が高くなります。

英検やTOEICのレベルで答えてもらうこともできます。

【質問】

"Harry Potter and the Philosopher's Stone" by J.K.Rowlingを日本人が英語で読むには英検何級が必要ですか?

【AIの答え】

この小説は、イギリスの作家J・K・ローリングが書いた、魔法の世界で冒険する少年ハリー・ポッターの物語の第一巻です。世界中で大ヒットし、映画化もされました。

この小説の英検のレベルは、検索結果には出てきませんでしたが、以下のように推測できます。

英検2級～準1級
この小説は、文体がやや複雑で、魔法の用語やイギリスの文化が多く出てきます。また、語彙や文法も高度なものがあります。読解力や推測力が必要です。
日本人が英語で読むのは、それほど難しくないと思いますが、魔法の世界やイギリスの文化に慣れていると理解しやすいでしょう。また、登場人物の感情や思想に共感できると、より楽しめると思います。

②これから読む本の難しい英単語を確認する

【質問】
"Harry Potter and the Philosopher's Stone" by J.K.Rowlingには日本人に難しい英単語が出てきますか？　１００個教えて。

【回答】
"Harry Potter and the Philosopher's Stone" by J.K.Rowlingは、日本人にとって難しい英単語が出てくるかもしれません。例えば以下のような単語があります。

- alchemy / ˈælkəmi / – 錬金術
- blunder / ˈblʌndər / – 大失敗
- cloak / kləʊk / – マント
- cupboard / ˈkʌbərd / – 戸棚
- curse / kɜːrs / – 呪い
- dungeon / ˈdʌndʒən / – 地下牢
- fudge / fʌdʒ / – ごまかす
- goblin / ˈɡɒblɪn / – ゴブリン
- grudge / ɡrʌdʒ / – 恨み
- howl / haʊl / – 遠吠え
- knickerbocker / ˈnɪkərbɒkər / – ニッカーボッカー
- muggle / ˈmʌɡl / – マグル
- parchment / ˈpɑːrtʃmənt / – 羊皮紙
- quill / kwɪl / – 羽根ペン
- scar / skɑːr / – 傷跡
- screech / skriːtʃ / – 金切り声

- snort / snɔːrt / – 鼻で笑う
- sorcerer / ˈsɔːrsərər / – 魔法使い
- spell / spel / – 呪文
- troll / trəʊl / – トロール

他にも、"Harry Potter and the Philosopher's Stone"には、J.K.Rowlingが創造した単語や、イギリス英語の単語がたくさんあります。例えば、

- Gryffindor / ˈgrɪfɪndɔːr / – グリフィンドール
- Hufflepuff / ˈhʌflpʌf / – ハッフルパフ
- Ravenclaw / ˈreɪvənklɔː / – レイブンクロー
- Slytherin / ˈslaɪðərɪn / – スリザリン
- Quidditch / ˈkwɪdɪtʃ / – クィディッチ
- Hogwarts / ˈhɒgwɔːrts / – ホグワーツ
- Philosopher's Stone / fɪˈlɒsəfəz stəʊn / – 賢者の石
- Dursley / ˈdɜːrsli / – ダーズリー

- Dumbledore / 'dʌmbldɔːr / - ダンブルドア

※以下省略

③難読箇所は要約してもらう

【質問】
Harry Potter and the Philosopher's Stone" by J.K.Rowling の第5章が英語が難しくてよく理解できませんでした。かんたんに5章の内容を教えてください。

【回答】（実際の回答は長いので前半のみ）
この小説の第5章は、「Diagon Alley」というタイトルです。ハリーは、ホグワーツ魔法学校に入学するために必要なものを買いに行くことになります。ハリーを連れて行くのは、ハグリッドという大男です。ハグリッドは、ハリーの両親が殺されたときにハリーを救った人です。ハグリッドは、ハリーに魔法の世界のことを教えてくれます。
ハリーとハグリッドは、ロンドンの中心にある「The Leaky Cauldron」というパブに行きます。そこで、ハリーは魔法使いたちに歓迎されます。ハリーは、自分が有名な人物だということに驚きます。パブの裏にある壁に隠された扉を開けると、ハリーは「Diagon Alley」という魔法の通りに入ります。そこには、魔法の本や杖やほうきなどを売る店がたくさんあります。

ハリーは、まず銀行に行きます。銀行は、ゴブリンという小さな生き物たちが管理しています。ハリーは、両親が残してくれた金貨を引き出します。ハリーは、自分がお金持ちだということに驚きます。ハリーは、ハグリッドに一緒に行ってほしいと頼みます。ハグリッドは、ハリーに秘密の任務があると言って、別の金庫に行きます。そこには、ハリーの目には見えないものがあります。ハグリッドは、それをポケットに入れて、ハリーには何も言いません。

日本語で要約を読むのはズルいと思う人は、英語で回答してもらいましょう。英語で質問すれば、英語で返ってきます。

【質問】

give me a 100-word summary of the chapter 4 in "Harry Potter and the Philosopher's Stone" by J.K.Rowling in English

【回答】
A summary of chapter 4 in "Harry Potter and the Philosopher's Stone" by J.K.Rowling in English is as follows.

On Harry's 11th birthday night, a loud noise comes from the door. Harry's uncle Vernon runs to the door with a gun, but the door is blown away. Behind the door is a giant named Hagrid, the Keeper of the Keys at Hogwarts. Hagrid gives Harry a chocolate cake and tells him that he is a wizard and that he will attend Hogwarts School of Witchcraft and Wizardry. Harry learns that his parents were famous wizards who were killed by an evil wizard named Voldemort. Harry decides to go to Hogwarts with Hagrid.

④読みたい本のリストを難易度で並び替える

【質問】

以下の小説を英語の難易度順で並べ替えてください。

"Harry Potter and the Philosopher's Stone" by J.K.Rowling、

"Sphere" by Michael Crichton、

"Paper Towns" by John Green、

"The Nightingale" by Kristin Hannah、

"Cathedral" by Raymond Carver、

"Flowers for Algernon" Daniel Keyes、

"Finnegans Wake" by James Joyce

【回答】

こんにちは、これはBingです。小説の英語の難易度順についてお答えします。

英語の難易度は、本の読みやすさレベルとしてYLという表記で0・0～10・0で表示されることがあります。数値が低いほど読みやすいという意味です。また、語彙数や文法の複雑さも難易度の目安になります。

あなたが挙げた小説の中で、ＹＬレベルが分かるものは以下の通りです。

"Harry Potter and the Philosopher's Stone" by J.K.Rowling: YL 6.0
"Paper Towns" by John Green: YL 4.5
"Flowers for Algernon" Daniel Keyes: YL 4.0

これらの小説は、英語学習者向けに書かれた本ではなく、ネイティブ向けの本ですが、比較的読みやすいレベルにあります。

残りの小説は、ＹＬレベルが分かりませんでしたが、以下のように推測できます。

"Sphere" by Michael Crichton: YL 6.0~7.0

この小説は、サイエンスフィクションのジャンルで、専門的な単語や長い文が多いと思われます。しかし、ストーリーはスリリングで面白いので、読み応えがあります。

"Cathedral" by Raymond Carver: YL 7.0〜8.0
この小説は、短編集で、日常的な話題を扱っています。しかし、文体は簡潔で、省略や比喩が多く、登場人物の心理描写が深いので、読解力が必要です。

"The Nightingale" by Kristin Hannah: YL 8.0〜9.0
この小説は、第二次世界大戦中のフランスを舞台にした歴史小説で、登場人物の運命や感情が描かれています。文法や語彙は難しくないかもしれませんが、長さや内容の重さが難易度を上げています。

"Finnegans Wake" by James Joyce: YL 10.0
この小説は、英語圏でも最も難解な小説の一つと言われています。作者は意図的に言語を変形させ、多言語の単語や造語を混ぜています。意味や構造が分かりにくく、解釈には専門的な知識が必要です。

以上のことから、小説の英語の難易度順は以下のようになると思われます。

"Finnegans Wake" by James Joyce > "The Nightingale" by Kristin Hannah > "Cathedral" by Raymond Carver > "Sphere" by Michael Crichton > "Harry Potter and the Philosopher's Stone" by J.K.Rowling > "Paper Towns" by John Green > "Flowers for Algernon" Daniel Keyes

ただし、これはあくまで目安であり、個人の興味や好みによっても読みやすさは変わります。自分に合った小説を選んで、英語の多読を楽しんでください。

⑤自分の好きな本に似た本を教えてもらう

【質問】

"Paper Towns" by John Greenと同じテーマで同じくらいの英語の難易度の小説を5作教えて。異なる作家の作品でお願いします。私は日本人です。

【回答】

『ペーパータウン』と同じテーマで同じくらいの英語の難易度の小説を5作リストします。ただし、異なる作家の作品にします。

- 『ミス・ペレグリンと奇妙なこどもたち』(Miss Peregrine's Home for Peculiar Children) by Ransom Riggs
  - この小説は、祖父の死に関する謎を追う少年ジェイコブの冒険を描いています。ジェイコブは、祖父が話していた不思議な孤児院を訪れ、そこで特殊な能力を持つこどもたちと出会います。

- 『エブリデイ』（Every Day）by David Levithan
  - この小説は、毎日違う人の体に入る少年Aの恋愛を描いています。Aは、ある日、レイチェルという少女の体に入り、彼女の恋人ジャスティンに恋をします。Aは、毎日違う人になっても、ジャスティンとの関係を続けようとします。

- 『13の理由』（Thirteen Reasons Why）by Jay Asher
  - この小説は、自殺した少女ハンナの遺言となるカセットテープを聞く少年クレイの物語を描いています。ハンナは、自分の死に関係する13人の名前と理由をテープに録音し、それを順番に回しています。クレイは、自分がどうしてハンナのリストに入っているのかを知りたくて、テープを聞き続けます。

-『アナと雪の女王』(Let It Snow) by John Green, Maureen Johnson, Lauren Myracle
- この小説は、クリスマスイブに起こった大雪で、さまざまな恋愛や友情の物語が交差する3つの短編を収録しています。ジョン・グリーンは、『ペーパータウン』と同じ作者ですが、この小説では、他の2人の作家と共同で書いています。

-『ダイバージェント』(Divergent) by Veronica Roth
- この小説は、未来のシカゴで、人々が5つの派閥に分かれて暮らす社会を舞台にしたディストピア物語です。主人公のトリスは、自分がダイバージェントという特殊な存在であることを知り、派閥の選択と訓練に挑みます。しかし、彼女は、派閥の秩序を崩す陰謀に巻き込まれていきます。

どうでしょうか?

洋書を読む前にＡＩに相談する価値がありそうでしょう？

このように便利なＡＩですが、まちがった答えを出すこともあります。ここに引用したＡＩの回答にも小さな誤りやおかしな文章は含まれていますし、あまり有名でない本について聞くと情報がなくて的外れな回答を出すことがあります。ＡＩは回答を作るのにWeb上の情報を使っているので、怪しいと思ったらGoogleで裏を取りましょう。

ここでは、わかりやすさを重視して日本語で質問し、日本語で回答してもらう例ばかりあげましたが、ＡＩとも英語でやりとりすれば、より英語漬けになることができます。

Chapter 3

「語彙のドーピング」が最強の英語ハック

IMMERSE YOURSELF IN ENGLISH

5000語レベルだと英語の一般向けの本を辞書なしで読むのは困難

率直に言って、英語で本を読むうえで一番重要なのは単語力です。知らない単語が1語もないページは、読むのがかんたんです。高度な文法が理解できなくても、単語の意味を順番に思い浮かべていけば、前後の文脈から内容はだいたいわかるものだからです。図に挙げたような単語力のデータがあります。大学を出て社会人になると、平均で5000語程度を知っていることになります。しかし、5000語だと、英語の一般向けの本を辞書なしで読むのは困難です。第2章でも触れましたが、その段階では英語の教材だとか、英語圏の子ども向けの本、多読教材が合っています。半年くらい単語の暗記をやると、8000~9000語レベルに到達します。ここで辞書を使えば一般的な本が読めるようになります。

15000語レベルに達すると、わからない単語はあるものの、辞書なしで一般向けの本を読むことができます。ベストセラー小説も読めると思います。New York Timesや

単語力の目安

高校受験レベル
2,000語

大学受験レベル
4,000～5,000語

TOEIC 700点レベル
4,000～5,000語

TOEIC 900点レベル
8,000～9,000語

英検1級レベル
10,000～15,000語

ネイティブレベル
20,000～30,000語

出典：https://www.bizmates.jp/blog/vocabulary-study/

Timeのような難しめの新聞も辞書なしでいけるでしょう。20000語あれば、ネイティブも難しいと考える本を読めます。プロの通訳者、翻訳者と同じです。

自分の単語力を知りたい人は、次のサイトで測ることができます。

■ Weblio語彙力診断テスト
https://uwl.weblio.jp/vocab-index

ボキャビルという劇薬

ちなみに、大人の日本語の語彙は3万〜5万語だと言われます。そのうち、これまでにどのくらいの語彙を辞書で知ったでしょうか。辞書で覚えたのは専門語が中心で、おそらく数パーセントではないでしょうか。辞書で覚える単語は例外であり、少数派なのです。

それに、辞書を引いて確認した単語を、翌日どれだけ覚えているでしょうか。

「単語をなんとなく使えるようになってから、辞書で意味を確認する」

英語の上達は、そのほうが早いのです。

単語を集中して覚える学習をボキャブラリ・ビルディング（ボキャビル）と呼びます。ボキャビルは、無理してやる必要はありません。読める本を読むだけでも語彙は自然に増えていきます。数年間もやっていれば、結構な語彙が身につくでしょう。本を楽しく読むことが何よりも大切です。やりたくないことはすべきでありません。でも、その数年間を数分の一に短縮したいとしたら、ボキャビルの出番です。

覚えた英単語が1・5万語程度に達すると、一般的な本や新聞が負荷なく読めるようになります。ボキャビルなしでそのレベルを達成するには5年や10年くらいの時間が必要になると思います。それを劇的に短縮する方法がボキャビルなのです。

ボキャビルの弱点として、たとえいったん覚えても忘れてしまうことが挙げられますが、多読と併用すると日常的に覚えた単語と触れ合うことになるので忘れることがありません。多読と暗記は対照的に見えますが、じつは相性がいいのです。

ボキャビルは、精読と並んで取扱注意の劇薬です。十分にモチベーションがある人以外、手を出してはいけません。ただし、楽しく取り組めたら劇的な効果があります。楽しいというよりも「苦しくない体験にする」というのが正しいかもしれません。私はボキャビルをやる際、「これはズルいドーピング行為なんだ」と思ってコソコソやっていました。英語でいうギルティ・プレジャー（後ろめたいがやめられない物事）でした。単純な作業になりがちなボキャビルを楽しい習慣にするには、気の持ちようが大切です。

単語を覚えるコツは「覚えようとしないこと」

ボキャビルをやる決意をした人に、単語を暗記するコツを伝授します。

「覚えようとしないこと」

言いまちがいではありません。単語をあえて覚えようとしないことが重要なのです。

たとえば、resolution（決意）という単語を覚えたいとします。はじめて単語学習アプリがresolutionを提示してきて、意味を答えられなかったとします。あなたはどうしますか？

おそらく、正解を答えられずイライラします。そして、「resolution＝決意だ、resolution＝決意だ、resolution＝決意だ」と何度も頭の中で唱えます。単語と意味のペアの脳内のつながりを強めようと念じます。ノートに書いて覚えようとするかもしれません。

私の経験では、この覚えようとする努力はしなくていい。小さなイライラが積もり積もって、学習が嫌になってくるからです。それに、根性で頑張っても、大した効果がないからです。みなさんは、学生時代の根性のボキャビルをどれくらい覚えていますか？忘れた単語が多いでしょう。現代のアプリを使ったボキャビルでは、なおさら不要だと確信しています。

私は、resolutionに対して瞬時に決意だと答えられなかったら、正解画面を軽く眺めるだけ。すぐ次の問題に進みました。アプリは誤回答した単語を定期的に繰り返し聞いてきます。2回目も3回目も答えられない。でも、気にせず、次の問題へどんどん進めました。まちがえたとき気に病まないこと、逆に正解したときは爽快感をたっぷり味わうように意識しました。

記憶力とは不思議なものです。接触回数が増えると、いつか自然に覚えます。私の場合、2週間くらいしてresolutionを目にした回数が10回目くらいになると、自然に「決意」という意味が思い浮かぶようになりました。正解の爽快感をかみしめます。そこからあと数回繰り返せば、安定した記憶になります。覚えようとして覚えた単語よりも、時間をかけて自然に覚えた単語は長く忘れないものです。感覚化しているからですね。

覚えようとしない暗記法は、1つの単語を覚えるのに長い時間がかかります。でも、アプリは同時に何十語か何百語のセットを覚えさせようとしています。1語を覚えるのに2週間とか3週間かけるイメージで、のんびりと取り組むことがボキャビルのコツなのです。それでも、数カ月という長期間では大量の単語の暗記が可能です。

おすすめ単語学習アプリ iKnow

iKnow

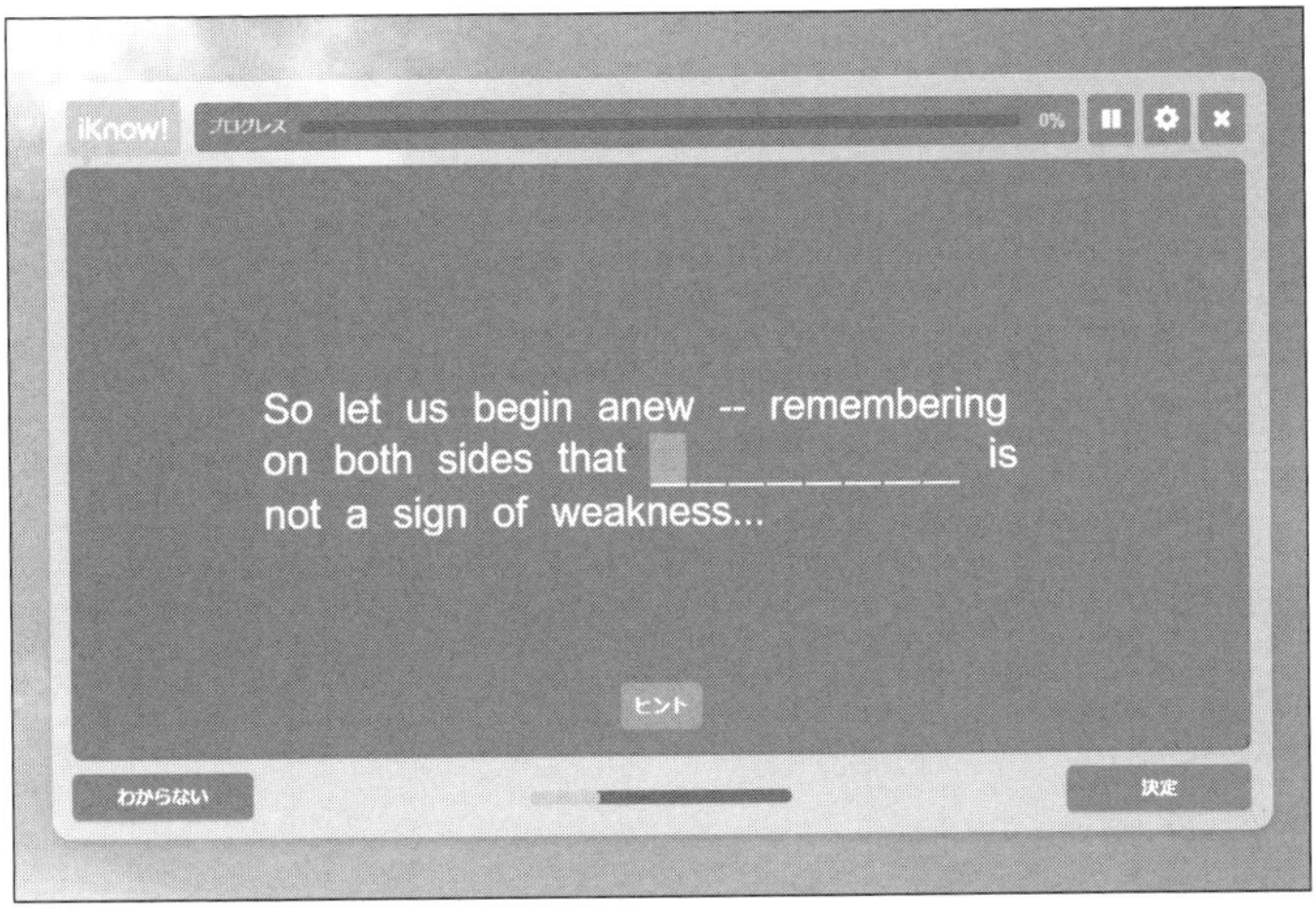
iKnow!
プログレス
0%
So let us begin anew -- remembering on both sides that __________ is not a sign of weakness...
ヒント
わからない
決定

ボキャビル用のアプリは数十種類あります。人気ランキング上位のものは、どれもよくできています。学習目的と好みから好きなものを選べばいいと思いますが、私が一番よく使ったアプリはiKnowでした。コース設定や例文が大人の再学習に最適です。脳科学にもとづく学習プログラムで、最適なタイミングで、最適な単語を学習することができます。いったん正解しても、また忘れたころに同じ単語を聞いてきます。本当に記憶に定着するまで完了になりません。

　iKnowは、単語を単体ではなく、その単語が使われるフレーズで覚えさせようとします。スペルやリスニング能力も総合的に身につくように設計されています。単語とその意味のペアを覚えるのではなく、使い方を覚えさせる、よくできたプログラムです。

私は英語に再入門した最初の2年でiKnowのほぼ全コースを完了しました。TOEICの得点を伸ばし、英検1級に合格できたのも、iKnowによるボキャビルのおかげだったと思います。イチオシです。

ただiKnowは、中級者以上向けが充実していて、若干スパルタ的なところがあります。「もう少し気軽に楽しみながら」という初心者の方には、duolingoとmikanをおすすめします。どちらも、基本単語をゲーム感覚でマスターしていくことができます。

ちなみに、TOEICを受験する人には、〝金のフレーズ〟こと『TOEIC L&R TEST 出る単特急金のフレーズ』(TEX加藤 著、朝日新聞出版社 刊)、あるいはアプリの『金のフレーズ2』がおすすめです。私が唯一使った紙の単語帳でした。iKnowのような学習の仕組みは特にないのですが、TOEICのスコアアップに直結する内容であるため、試験用にドーピングをするズルい気持ちで取り組むといいでしょう。

ボキャビルに資格試験を活用しよう

ボキャビルと同時に、ＴＯＥＩＣや英検のような資格試験を目指すことをお勧めします。ボキャビルは、そうした資格試験の特効薬でもあるからです。語彙と正比例して、みるみる得点や級が上がるはずです。それがボキャビル継続のインセンティブになります。

私は45歳で英語の再入門を始めて、1年目と2年目はＴＯＥＩＣと英検を真剣に勉強していました。再入門時の私の英語力は、ＴＯＥＩＣで６００点レベルでした。大卒の平均点といったところです。私の仕事場では、資格試験はあまり意味がありません。ですから、純粋に自分の英語の能力を測りたくて始めました。普段は大学教員なので試験を出す側で、試験を受けたのはもう何十年も前でしたが、久しぶりの試験に燃えました。毎回の出来に一喜一憂しました。

資格試験を受ける動機は、入試、就職、職場で求められるなど、さまざまだと思います。内容については、実践的だとかそうでないと賛否両論あります。しかし、1年か2年、真剣に向き合うなら、どの試験を選んでも、確実に英語が上達すると思います。単調になりがちなボキャブラリ・ビルディングに長期間取り組めたのは、資格試験のおかげでした。毎回の結果を見て、うれしい、悔しいと感情が大きく揺れ動きました。家族からもからかわれましたが、これが学習のドライビングフォースになりました。

コミュニケーションと瞬発力を鍛えたいならTOEIC、本や新聞を読んだり文章を書きたいなら英検がおすすめです。それぞれの勉強法をお伝えします。

TOEICでは単語の暗記が何より重要

私のTOEIC初回は約600点でした。思ったより低い点数でショックを受け、立て直しを決意し、2か月後に受けた2回目で800点を超えました。さらに半年もすると、900点を超えました。この急上昇は、猛勉強したことは事実ですが、TOEICが傾向と対策を研究すると点数に直結する試験だったからでもあります。本当の英語力というより、TOEIC力を高めて短期間で高得点を取ったのです。

TOEICでは、まず単語の暗記が何より重要です。ありがたいことに、TOEICの問題に出てくる単語は限られています。単語の暗記を頑張ると、知らない単語は1つも出てこないという状態にすることができます。

TOEICの学習法では、一般には「過去問をたくさん解け」と言われます。同じタイプの問題が多いからです。しかし、私は過去問はほとんどやりませんでした。毎月受けていたので、それ以上はいらないと考えたからです。ただ、点数アップに過去問を推奨するのは正しいと思います。初回や久々に受ける人は、取り組むと点数につながると思います。

唯一やった過去問は、リスニングパートです。ナレーターの声に慣れるため、出題されるパターンに慣れるためです。文章が短いので、1語聴き落としてもリカバーできる現実の会話よりも丁寧に聴きとる必要があります。

そして、800点以上の高得点を取るには読書が効果的です。普段本を読んでいると、難題と言われるパート7の長文問題が長く感じなくなるからです。読書している人は、時間がだいぶ余るはずです。私のTOEICの点数が急上昇したのは、多読と並行していたからであることはまちがいありません。

英検のハイレベルの単語も大量の読書をしていればクリアできる

毎月あるTOEIC試験をペースメーカーにしながら、本命の英検1級の勉強に力を入れました。

英検1級は、TOEICと違って傾向と対策が立てにくいように思います。私が3回の受験、1年半で合格できたのは、大量の読書のおかげでした。英検1級の問題は、単語の難易度が高いことで有名です。私も、最初の受験では面喰いました。ハイレベルの単語が連発していました。

読書をしていない人は、英検1級の単語を覚えることに抵抗があるようです。「こんな単語を覚えても一生使わないよ」と思ってしまうのです。たしかに、日常のコミュニケーションでは使わないかもしれません。しかし、普段、英語で読書をしていると、英検1級の単語は普通に使われる単語なのです。見たこともない単語は覚える気がしないかもしれませんが、見たことはあるけどわからなかった単語は覚えるモチベーションが湧いてきます。iKnowで英検1級用の単語を暗記しました。

英検1級の問題には、細かな文法を問うものはほとんどありません。長文の内容を正確に理解できているかが問われます。単語については、完全に理解できていなくても、なんとなくわかる単語がいっぱいあれば、問題には答えられます。これは、知らない単語を飛ばして読んでいる読書とまったく同じでした。

英検1級に合格する頃には、辞書なしでやさしい一般の本が読める段階になると思います。そこから先は、もう資格試験で能力を測るのではなく、どれだけ難しい本が読めるか、ややこしいコミュニケーションをこなせるようになったか、自分で判断できるようになります。試験にお別れです。

そして、ある程度英語で本が読めるようになったら、英語を学習するための本も英語で書かれたものに変えましょう。英語で英語を学ぶと、加速度的に英語が上達していきます。

Column

ノーマン・ルイスのボキャブラリビルダーで語彙力を高める

語彙力を高めるためにおすすめの本が、"Instant Word Power"。読んでいるうちにみるみる血となり肉となる感覚を味わえました。著者のノーマン・ルイスは有名な英文法の先生で、"Instant Word Power"は連発したベストセラーの中の1冊です。

この本は、日本人向けではなく、英語ネイティブスピーカーの語彙を増やすための本です。では、ネイティブにとって難しい単語とは何でしょうか？ この本は、ギリシア語とラテン語が語源の単語に特化しています。38章あり、各章でいくつかのギリシア語、ラテン語とその意味、それに由来する接頭辞と接尾辞、派生する英単語が示されます。

最初のうちは、ラテン語の数字接頭辞を使った単語の勉強です。duo、trio、quartet、quintetのような言葉です。そのあと、pedは足で、chiroは手であるとか、inは内、exは外だなどという基本を学びます。語源を楽しく解説するコラムもあり、印象に刻まれます。

この本をマスターしたら、こんな単語の意味がわかるようになります。

■ sesquipedalianism（長ったらしい言葉を好む指向）
■ triskaidekaphobia（13という数字に対する恐怖症）

これには自分でもびっくりしました。

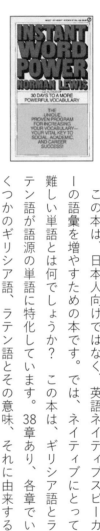

sesquipedalianism は、ラテン語で sesqui（1と2分の1）+ pedal（足の）+ ian（人）+ ism（哲学）です。1と2分の1は冗長に長たらしい、歩行者は面白みがなくつまらない、それをする人の哲学なのです。この単語自体が sesquipedalianism でもあります。

triskaidekaphobia は、ギリシア語で tris（3）+ skai（かつ）+ deka（10）+ phobia（恐怖）です

この本は、sesquipedalianism や triskaidekaphobia をいきなり覚えさせるわけではありません。まず、ラテン語で数字の数え方（tri = 3）を覚えます。次に、ed や ian や ism を覚えます。

覚えた部品で、単語を自分で組み立てることができるようにもなります。たとえば、各種接頭辞と flu + ent（flow の形容詞形、ous もあり）を覚えただけで、次の単語がすぐに理解できるようになるのです。

- influent（流入する）
- effluent（流出する）
- confluent（合流する）

- refluent（逆流する）
- circumfluent（回流する）
- affluent（富裕な）
- superfluous（あり余る）

この本の素晴らしいところは、復習の必要がないということ。同じ単語が、忘れた頃に何度も出題されます。繰り返し質問に答え、声に出し、スペルを書くうちに、5回目くらいには自然に覚えてしまいます。

この本が直接扱うのは500語ですが、接頭接・尾辞語の組み合わせで作れるのは数千語に及ぶはずです。2ヶ月で数千語をマスターできる参考書やアプリってあるでしょうか。私はほかに知りません。

なお、初版が1982年なので、ジェンダーや人種に関わる単語の解説でやや古さを感じる部分があります。それ以外は、まだまだ使えそうな名著です。

続編の"Word Power Made Easy"、"Thirty Days to Better English"もおすすめです。

単語を調べる7つの方法

第2章でもお伝えしたとおり、私は日常の読書時間の90%で辞書を使いませんが、わからない単語がゼロになることは当然ありません。調べるときには、調べます。調べ方にはこだわりがあります。

紙の辞書を使う選択肢はありません。引くのに手間がかかりすぎます。スマートフォンを使うか、電子辞書を使うかの2択です。私は8割がスマホ、2割が電子辞書です。単語を調べるにはいくつかの方法があります。私がよく使う順序で紹介します。

①辞書サイトを使う

おすすめの辞書サイトは、Weblioと英辞郎です。両者とも無料版でも十分に使えます。Weblioは定義が充実しています。英辞郎は用例が充実しています。単語の意味を調べたいだけならばWeblioですが、その単語が使われる文脈を知りたいときには英辞郎です。

辞書サイトでは音声を聞くこともできます。

- Weblio　https://ejje.weblio.jp/
- 英辞郎　https://eow.alc.co.jp/

②Googleで検索する

中級者以上の人は、辞書ではなくGoogleで検索したほうが生きた英語を獲得しやすいです。そして、新語やスラングは辞書にないことが多いです。Googleで定義、用例を検索しましょう。

画像検索も役立ちます。動植物やブランド商品は、画像で見ないとピンとこないことがありますしね。

先日、小説をアーサー・ヘイリーという作家のAirportという小説を読んでいた時に、"conga line"という単語が出てきました。この作品内では、雪が積もった空港を除雪するための除雪車両の列を指しています。しかし、Googleで検索すると上位に出てくるのは、人が長い列を作って踊るフォークダンスの画像でした。congaはキューバのダンスの名前です。このダンスの様子から、除雪車の行列の呼び名が出てきたのだとわかりました。

このように、辞書を引くだけではわからない周辺情報をGoogle検索で得られることが多いです。

③翻訳サービスを使う

自動翻訳は、よくある和訳のパターンを示してくれるので助かります。また、わからない単語がいくつも同時にある場合も、翻訳サービスで一網打尽にできます。単語が使われる文脈と一緒に学ぶことができるので、辞書引きよりも自動翻訳のほうがいい学習になることも多いです。

数ある自動翻訳ツールの中でも執筆時点で優秀なのが、ドイツ本拠のベンチャー企業が作ったDeepLです。プロの翻訳者も仕事のツールとして使います。翻訳精度がとても高くて、文章のトーンまでうまく翻訳してくれることもあります。

DeepLには、Web版とアプリケーション版があります。アプリケーション版はCtrl＋CCというショートカットキーを使って、選択中のテキストを翻訳できます。私は有料版を利用しています。WebやPDF、Wordなどの文書を、レイアウトもそのままに翻訳する機能があります。

自動翻訳として優秀なサービスとしては、ほかにもみらい翻訳やGoogle翻訳があります。翻訳が難しい文章は、複数のサービスの結果を比較するといいです。

紙の本から長い文章をタイプするのが面倒な場合は、スマホのカメラのテキスト認識機能を使って入力すると手軽です。

④英語の辞書サイトを使う

英語力が十分になったら、英英辞書も使えます。日本語を目にしないこともメリットです。英和辞書ではなく英英辞書を使いなさいと教える先生も多いです。理論的には正しいと思います。しかし、私は英英辞書をあまり使ってきませんでした。初心者のうちは、英英辞書を使うとわからない単語が説明文に出てきて、手間が増えてしまうからでした。そして英英辞書を軽々と使えるようになってからは、辞書の短い定義では不満に思うようになったからです。日本語でも国語辞書をめったに使いませんよね。同じことだと思います。

⑤スラング辞書を使う

一般の辞書ではなく、先述のUrban Dictionaryのようなスラング辞書や専門用語辞書を使えば、普通の辞書に掲載されていない用法を学べます。

■ Urban Dictionary　https://www.urbandictionary.com/

⑥Youglishを使う

どんな場面で使われる言葉なのか、どう発音されるのかを確認するのに、Youglishは強力なツールです。YouTubeにアップロードされている1億件以上の英語内の言葉をデータベース化していて、だれかがその言葉を発音する直前から映像が開始されます。外国人の名前の発音、スラングの発音など、発音記号が辞書にない単語では特に役立ちます。

■ Youglish　https://youglish.com/

⑦電子辞書を使う

スマホは便利ですが、電子辞書には異なる魅力があります。

■ キーボード入力が容易

■ネットに接続しないので、気が散らず、単語を調べることに集中できる

私は、単語をまとめて調べる至福のティータイムに電子辞書を使っています。旅行先の読書タイムにも使います。必須ではありませんが、余裕があれば1台用意しましょう。

人気の電子辞書には、カシオ製の「EX-word」とシャープ製の「Brain」の2種類があります。どちらでもかまいません。本格的に本を読もうとすると、両社の最上位レベル（英語学習モデルやプロフェッショナル向け）が必要になります。小説を読むには「高校生モデル」では単語数が不足します。高価になりますが、ランダムハウスやジーニアスなどの大辞典が収録されているモデルを選んでください。

単語の音声は20万語収録が望ましいです。上位モデルにはだいたい搭載されています。電子辞書を引くときは、必ず発音も確認しましょう。可能ならば、自分でもつぶやいてみましょう。声に出すことで、記憶への定着が進みます。

究極で最高の方法は、ネイティブスピーカーに辞書になってもらうこと

リアルやオンラインで英会話レッスンを定期的に受講する人は、わからない単語をネイティブの先生に教えてもらいましょう。先生を辞書代わりにするのですが、これほど凄い辞書はありません。辞書以上に生きた英語を教えてもらえます。先生たちにとって教えやすいテーマなので、喜んでたくさんの知識を話してくれるはずです。

振り返ってみると、私が辞書をあまり使ってこなかったのは、この日常の習慣のせいなのかもしれません。私はその日に読んでいた本でわからなかった単語についてよく話します。「○○ってどういう意味ですか?」と直接聞いてもいいですし、さりげなくその言葉を使って先生の反応を見てみるのもいいでしょう。

ネイティブに単語を教えてもらうと、発音や綴りが完璧になります。「私はイギリス人だからこう言うけどね(こう書くけどね)」などと、アメリカ英語、イギリス英語、その他の英語の違いもきっと教えてもらえます。どういう人が、どういうシーンで使うのか、

言葉のＴＰＯも話題になるでしょう。

会話の中で言葉を身につける。これほど自然な言葉の獲得方法はないかもしれません。日本人も、日本語をこうして身に着けているはずです。そして何より、この方法で学んだ単語は強く記憶に刻まれ、忘れません。

Chapter 4

「調子が悪い時に理解できるか？」がリスニングの実力

IMMERSE YOURSELF IN ENGLISH

「なんとなくわかる」で終わらせることがリスニング上達の秘訣

「読む」に次いで重要なインプットが「聴く」ことです。英語は文字である面と、音である面があり、両面を同時に身につけると相乗効果が生まれます。多読と多聴は相性がいいので、同時に進めましょう。

オーディオブックやYouTubeなど「本物の英語」で学ぶ前の入門段階では、第2章で紹介したリスニングの教材本がおすすめです。学習者向けによく考えられた内容の音声と全文の書きおこしがついており、「本物の英語」に入る前に半年くらいこうした本を利用すると近道になります。

入門段階は、リスニング教材本の収録の尺が短い音声ファイルを繰り返し聞きましょう。繰り返すたびに、多くの単語が聞き取れるようになると思います。

最初は、本は閉じておきましょう。何と言っているかわからないから本気で聴くものです。書きおこしを読むのは、ある程度聴いてからがいいでしょう。

私は、英語再学習を始めた最初の約2年間、英語学習雑誌『English Journal』（アルク刊、2022年に雑誌は休刊し、オンラインで継続中）や、『CNN ENGLISH EXPRESS』（朝日出版社）の付録音声をスマホに入れて、毎日聴いていました。著名人のインタビュー、おしゃべり、クイズ、エッセイ、小説の朗読など、よく選ばれた音声を繰り返し聞いているうちに、教材ではない本物の英語が聞き取れるようになって卒業しました。誌面は音声を理解できたかどうかの答え合わせが必要な時だけ読んでいました。

多読と同じで、「なんとなくわかる」で終わらせることがリスニング上達の秘訣です。意味や意図がおおまかに理解できたら聴けたことにしましょう。1語ずつ書きおこすディクテーションができるまで聴く必要はありません。それよりも、大量のいろいろな素材に触れることが大事です。

眠る前にオーディオブックを聞く

英語を使っていると、母国語以上に、調子が良い時と悪い時の差を感じることはありませんか？

疲れていたり寝不足だったりすると英語の理解力が落ちてしまい、言葉もスムーズに出なくなる、そんな経験はありませんか？

ＴＯＥＩＣや英検などの試験では、体調を万全に整えて、絶好調で挑みたいものです。しかし、現実の仕事で英語を使う場合は、調子が悪い時の実力になるものです。海外出張中だったり、海外の賓客をもてなしていたり、緊張して余裕がない中で、英語の〝本番〟はやってきます。だから、絶好調の時の英語力は使えない。むしろ、調子の悪い時の英語力を底上げすることが、実用上は重要なのです。そして、底上げは意図的に訓練することで可能です。

1日の仕事が終わって疲れている時、英語を使いすぎて頭が飽和してしまった時に、あえてやさしい英語の本を読んでみたり、やさしいオーディオブックを聞いてみましょう。集中しなくても理解できるレベルを確認し、向上させることができます。

リスニング力の向上でおすすめなのが、眠る前にオーディオブックを聞くことです。特に、眠くなってきた状態でのリスニングは、調子の悪い時のリスニングを再現しています。その状態で聞き取れたら、本物の力と言えます。

聴きとれなくてもかまいません。1週間くらい連続で、同じ内容で試してみましょう。意味がわからなくても文章全体のリズムのようなものが頭の中に刷り込まれると思います。

その後、眠くないときに同じものを聞いていましょう。驚くほどよくわかることがあるはずです。なぜそうなるかはわかりませんが、私は睡眠学習と呼んでいます。

Audibleで英語漬けになる

英語の本の朗読を聴くなら、質と量の観点からAudible（オーディブル）がおすすめです。英語漬けになるつもりならば、ぜひ入会しましょう。

Audibleはアマゾンが提供するサービスです。日本法人が提供するサービスと、米国法人が提供するサービスは内容が異なります。日本のAudibleでも英語コンテンツはたくさん用意されていますが、英語のコンテンツを中心に聴くのであれば米国版がおすすめです。ラインナップの豊富さや、新刊を紹介するコンテンツの量が違います。米国のアマゾンにアカウントを作成することで、米国Audibleにアカウントを持つことができます。

私はAudibleの利用時間が3000時間を超えています。日常の一部です。英語で話題の本は出版と同時か、すぐにオーディオブックになります。たくさんの有名朗読者がいます。著者自身が朗読することもあります。複数の朗読者を使ってラジオドラマ風の豪華版になることもあります。

まずはAudibleのサンプルを聞いてみいて、聞き取れそうかを判断しましょう。朗読物は標準的な発音で聞き取りやすいものがほとんどですが、元の文章がスラングと方言だらけの作品は難しくなります。ノンフィクションでも学術系の本は単語が難しいので中級者以上向けです。

初心者におすすめしたいのは、1章が短めの作品です。1章分の音声ファイルが5分や10分程度で区切られている作品は、同じ章を繰り返し再生しやすいからです。読書と同じで、1回目ではまるでわからない作品も、繰り返していくとわかってくることがあります。

1章の短さというのはサンプル再生だけではわからず、作品を購入してダウンロードしてみないとわかりません。Audibleにはいったん購入した作品を気に入らなければ返品する機能があるため、もしも聞きにくい内容だったら、この機能を使って別の作品と取り換えましょう。

おすすめのオーディオブック5選

私は、これまでに350本のオーディオブックを聴いています。その中から、内容がよくて、学習にも向くものを5つピックアップしてみました。

①The Buddha in the Attic

Julie Otsuka　https://www.audible.com/pd/B005FYF15U

日系作家のジュリー・オオツカの『屋根裏の仏さま』。文学賞を獲った有名作品ですが、英語学習にものすごく良い文体です。なぜかは、読めば（聞けば）わかります。

②Tangier Love Story ― Jane Bowles, Paul Bowles, and Me

Carol Ardman　https://www.audible.com/pd/B00WRPQJUG

『シェルタリング・スカイ』の大作家ポール・ボウルズの愛人だった女性が、自らの経験を書いた短編。1時間でフルに文学していて、興味があればボールズへ入っていけます。

③The Great American Read: The Book of Books — Explore America's 100 Best-Loved Novels

PBS　https://www.audible.com/pd/1549148435

PBSが選んだアメリカ文学最高峰１００冊を1冊ずつ短く解説しています。

④The Anthropocene Reviewed — Essays on a Human-Centered Planet

John Green　https://www.audible.com/pd/0593408535

人気ブロガーで作家のジョン・グリーンの、絶妙なエッセイ集。短いエッセイがたくさんなので聴きやすい。本人が朗読しています。

⑤English Grammar Boot Camp

Anne Curzan　https://www.audible.com/pd/B01K50H2K0

ネイティブ向けの英語学習キャンプ。「そうか、ネイティブはそういうことをまちがえるのか」と面白いです。このグレートコースシリーズは、すべていいです。

オーディオブック選びには Audicted

Audibleは、個人の書架に応じたパーソナルリコメンデーションのほか、多数のおすすめ情報を発信しています。文字情報としてはAudibleのブログの新刊情報や季節のおすすめ情報が参考になりますが、せっかくなので、音声でもおすすめを聴きたいですよね。

Audibleは、オフィシャルのポッドキャストチャンネルAudictedを運営しています。audio（オーディオ）とaddicted（中毒）を組み合わせた造語です。

■ Audicted　https://www.audible.com/pd/B08D24P58H

このポッドキャストでは、おもにAudibleの複数の女性編集者たちが、新刊の情報を井戸端会議のようにカジュアルに紹介しあいます。有名人や作家へのインタビューコーナーもあります。新しい本のおすすめ情報を得ると同時に、ネイティブの普通のおしゃべりのリスニングもできて、一挙両得の内容です。

Column

Audibleで大学レベルの講義を聴くことができる

Audibleには、Great Coursesという大学レベルの講義を聴けるシリーズがあります。一流大学の有名教授陣が、さまざまなテーマで、1コマ1時間程度でおこなったライブ授業が収録されています。気になるテーマを選び、留学している感覚で毎日聴くと、いつの間にか長時間のリスニングをしていることに気がつきます。英語で何かを学ぶことは、英語上達の近道です。

English Grammer Boot Camp

さきほども紹介した、ネイティブのための英語文法講座です。語源や歴史、ネイティブも知らなかったり、まちがえてしまう用法など、英語の奥深い世界を垣間見ることができます。ここで知ったことをネイティブにぶつけてみると、きっと感心されます。あらかじめ英語の文法用語について「英語で何というのか」を整理しておくといいです。

Great Mythologies of the World

神話の講座です。文学を理解する時に、ギリシア・ローマをはじめ神話の知識は必須です。ゲームでもキャラクターのモデルとして使われることは多いです。神々の名前は日本語と英語の発音がかなり違っていることがあるので、基礎教養としてこのコースがおすすめです。

YouTubeやネット動画で英語に触れる

オーディオブックを活用するだけでなく、ついつい見てしまう動画を英語にできると、自然と英語に触れる時間が長くなります。

私は文学が好きなので、新刊を次々に紹介したり、年間のランキングを選んで紹介する海外の書評家の動画をよく見ています。映画評や音楽評でも、こうしたレビュー動画は多いですね。次々にコンテンツをレビューする動画は、聴きとれずについていけなくなっても、すぐに話題が変わるのでおすすめです。

YouTubeには書評の動画が大量にあります。私は普段、特定のユーチューバーを追っているわけではなく、YouTubeで"book review"で検索して書評番組を探しています。たとえば、こんなチャンネルを見ています。自分の好きなチャンネルを5つくらい見つけましょう。

Eric Karl Anderson https://www.youtube.com/@EricKarlAnderson

私と趣味の合う小説を次々に紹介してくれるチャンネルです。毎年私と同じようにブッカー賞候補作を全部読み、書評しています。

emmie https://www.youtube.com/@emmiereads

文学女子のエミーが、女性の視点で最新の小説をレビューしています。知的な落ち着いたトーンがいい。

Vlog Brothers https://www.youtube.com/vlogbrothers

書評番組ではありませんが、有名作家のジョン・グリーンとハンク・グリーンの兄弟がさまざまなトピックでトークする老舗番組です。

GenXGrownUp https://www.youtube.com/@GenXGrownUp

X世代のオタクに向けてレトロゲームや80年代のカルチャーを取り上げる、ノスタルジックな番組です。

TED https://www.youtube.com/@TED

有名な講演イベントTEDのチャンネルですが、講演者が本の著者で内容について語ることも多く、読書の供にしています。

スウェーデン語のハリー・ポッターをシャドーイングするのが効果的な理由

「発音できないものは聞き取れない」とよく言われます。日本人の英語は、カタカナに汚染されて、発音と聞き取り能力が低下しています。日本語の音と英語の音には重なる部分はほとんどないので、全面的にカタカナ音を追い出す必要があります。その近道がシャドーイングです。

私は、ＮＰＯ多言語多読という団体のイベントにしばしば参加しています。ある時、そこで多読メソッドの創始者の酒井邦秀先生がシャドーイングについて話す回がありました。

この時にやってみなさいと言われたのが、「劇薬シャドーイング」でした。スウェーデン語でハリーポッターの朗読を聞きながら、１、２秒後に追いかける形でリアルタイムにシャドーイングをするのですが、ものすごく難しい。スウェーデン語などはじめて聞きました。あえて英語ではない言語でシャドーイングをすることで、聴いたまま再現することの重要性と難しさを教える、素晴らしいセッションでした。

先生は、まったくできない生徒を見て「では、私がこれから話すことを日本語で追いかけてください」と言いました。母国語でなら、だれでも、いくらでもできるのです。英語を聴こえたまま、そのまま口に出す。これは、子どもは得意ですが、大人になると英語の知識が邪魔をして、逆にできなくなってしまいます。

私は、英語発音専門学校に通ったことがあります。最初の数か月は、母音・子音の音素をひたすら勉強します。アルファベットをAからZまで言うテストが最初のほうにあります。ちなみに、発音専門学校の生徒は大人が多くて、英語が喋れる人が多かったです。この大人たちの多くが、私も含めてAからZを最初は正しく発音できませんでした。単語や文章になると、なおさら発音が難しくなります。

なぜ、できないのでしょうか？　それは、なまじ知っているからです。エービーシーをカタカナで読む音に慣れているから、お手本のとおりに再現できない。単語はアルファベットの綴りを知っているから、聞いたままを再現できないのです。

極端な例では、strength（強み）という単語があります。この単語は、何音節でしょうか。多くの日本人が「ストレングス」と読んで、下手をすると6音節にしてしまいます。ところが、英語では1音節です。eの部分にしか母音はなくて、その他はすべて子音です。綴りやカタカナの知識がなければ、聞こえたまま「stréŋkθ」どおりに真似できますが、なまじ知識があるとまちがいます。

究極の学習法は「聴きながら読む」

慣れてきたら、何かをしながら聴いてみましょう。スマホでAudibleを流しながら、SNSをチェックする、ニュースを読む、ゲームをするなどがいいです。お菓子を食べながら、犬や猫と戯れながらもおすすめです。全神経を集中させて聴くのではなくて、脳の半分だけでおおよその意味を取る練習です。実際に英語を使う時は、何かをしながらのはずですから、実践的なリスニング能力の向上につながります。

少しお金がかかりますが、本と一緒にオーディオブックを購入して、聴きながら読むのはとても効果的です。この「聴き読み」を、私は何十冊もやりました。すでに読んだ本でこれをやる時は、シャドーイングしながら進めると発音の練習にもなります。

洋書の新刊1冊とオーディオブック1冊で、およそ3000円くらいになります（昔の本や古典だと、書店の安売りで500円、Audibleも基本プラン込みで無料で手に入ることがあります）。10冊で3万円程度になりますが、興味のあるテーマの本を10冊聴き読みすれば、どんな英語教材にも勝る投資になります。

聴き読みをする場合は、2つのやり方があります。聴くに集中するのか、読むに集中するかです。

うまく飛ばす技を学ぶ

読む補助としてオーディオブックを使うと、読書力強化につながります。朗読のスピードで文字を追っていきます。

最初のうちは、読むスピードよりも朗読のほうが速くて、追いついていけなくなります。1センテンス以上追い抜かれたら、追いつけなくなったセンテンスを諦めて飛ばし、朗読されているセンテンスへ移りましょう。

追い抜かれたからといって、センテンスごとに朗読を巻き戻して確認するやり方はおすすめしません。やり直すのであれば、章単位でやりましょう。多読のアプローチと同じで、わからないところを上手に飛ばしましょう。聞き読みをしていると、それが上手になります。

聴き読みは、うまく飛ばす技が学びやすいです。小説の朗読には、感情表現がありま す。重大な状況が起きたら深刻そうな声で読みますし、会話には喜怒哀楽が滲み出てき ます。聞き読みでは飛ばした場所について、詳細はわからなくても、なんとなくわかっ てくる場合があります。「だいたいわかって飛ばす」という飛ばし方のコツがつかめてき ます。

ノンフィクションには、さらに飛ばしやすいという利点があります。フィクションは 飛ばすと筋がわからなくなりますが、ノンフィクションは多少は飛ばしてもついていけ ます。極端な話、章を1つや2つ飛ばそうが、概要はつかめるでしょう。第2章でもお 伝えしたように、英語のノンフィクションの90%では、まえがきか第1章でメインメッ セージの要約と本の構造の説明があります。ここは飛ばさずにじっくり理解したら、あ とは遠慮なく飛ばしていきましょう。

オーディオブックを聴きながらシャドーイングする

私は、外出中にオーディオブックを聞きながらシャドーイングをしています。この本の執筆時点ではまだコロナのパンデミックの最中ですから、皆がマスクをしています。

口元は見えません。1人で声は出さずに（少し出てしまいますが）、もごもご言うのです。聴いて読んでシャドーイングまでですると、1冊を骨までしゃぶりつくりしたようで痛快です。そして、本当に英語力の骨や肉になります。

朗読のスピードは、最初は速く感じるものですが、中級者になると朗読のスピードで必ず読めるようになります。朗読の速度は決して速くないからです。私たち日本人が日本語の朗読を1・5倍速や倍速で聴くように、英語ネイティブも倍速モードで聴く人がいますから。読書のスピードの目標としても、まずは朗読のスピードを目指しましょう。

Column

脳内英語教室

私は、15分くらい暇な時間ができると、すぐ「脳内英語教室」を開催します。これには、有名な作品の一説を暗記しておく必要があります。

たとえば、最近の私の教材は"Pride and Prejudice"（高慢と偏見）の冒頭部でした。完全に暗唱できるようにします（最初は絵本の一節、ドラマのセリフなど、もっと短くてかんたんな文章でかまいません）。

"It is a truth universally acknowledged, that a single man in possession of a good fortune, must be in want of a wife. However little known the feelings or views of such a man may be on his first entering a neighbourhood, this truth is so well fixed in the minds of the surrounding families, that he is considered as the rightful property of some one or other of their daughters."

これを、電車で吊革につかまっている時、カフェでひと息ついている時、道を歩いている時などに、脳内で再生します。

そして、文法の意味を、１単語ずつ解剖学的に考えてみるのです。たとえば、最初の１文だけでも、考え始めると短い文章でもポイントは次々に出てきます。

「It is a truth の"it"ってなんだろう?」

「a truth になっているけれど、真実は数えられるのか?」

「"universally acknowledged"を使って、ほかの文を作ると?」

「なぜ、acknowledged universallyの順ではないのか？」

「thatの後に、コンマは絶対に必要か？」

「in possession of、in want ofと似た形の表現はあるか？」

「a good fortune（大きな財産）では、なぜgoodを使う？」

「a wifeは、wifeではいけないのか？」

「must beというのは、どのくらい強い表現か？」


そして、1つずつ考えてみるのです。わからなければ、Googleで調べます。有名な作品であれば、その文章についての英文法解説が見つかるかもしれません。文法1項目につき5分くらいで終わると思います。

最後に、また意味をかみしめながら暗唱すると、単語の機能が明解になっているので、記憶に深く刻まれます。日常会話でIt is a truth universally acknowledgedだとかin possession ofやa good fortuneが使えるようになります。このくらいの長さの文章を暗記すると、だいたい1か月くらいは脳内英語教室のネタに使えます。

英語解剖が終わったら、仕上げとして音のリズムを体得し、韻を踏んでいる場所を考えたり、なぜその言葉が選ばれたのか、どういうニュアンスがあるのかも考えます。そこまで全単語をしゃぶりつくしたら、教室は修了、忘れてしまって結構です。次に教材にする文章を覚えましょう。

私が脳内英語教室に使った文章には、たとえば次のものがあります。

■スターウォーズのオープニングクロール
■マーティン・ルーサー・キングの「私には夢がある」演説の一部
■スティーブ・ジョブズのスタンフォード大学演説
■歌手エド・シーランの「Perfect」の歌詞
■ボブ・ディランの「The Times They Are A-Changn'」の歌詞

「教材にする文章を暗記するのが苦手」という人がいるかもしれません。とにかく、好きで繰り返せる素材を探しましょう。興味関心の強さが第一のポイントです。

そして、暗唱をだれかに聞いてもらう機会を作りましょう。私の場合は、オンライン英会話や、受講生同士が録音を共有するシャドーイング講座などを使いました。「来週までに暗唱して人に聞かせなければいけない」というプレッシャーを使って、長文を暗記します。

大人にとって、脳内英語教室が最も効率がいい文法学習になると私は考えています。中学文法からおさらいを本格的にすると、多くの部分はすでに知っていることで、時間の無駄が多いのです。それに、教科書に出ている興味のない文章では、単語レベルまで解剖する気にならないものです。洋楽が好きな人、バンドでボーカルをやっている人なら、歌詞を丸暗記することが苦ではないと思います。

有名な文章の一節を覚えると、スピーチに役立ちます。さきほどの「It is a truth universally acknowledged」で話し始めると、文学好きのネイティブの聴衆は文学の香りを嗅ぎつけてニヤリとします。昔の話をする時に「A long time ago, a galaxy far far away」（スターウォーズ）と言ったり、自分の夢を語る時に大げさに「I have a dream, that one day,」（私には夢がある）と言ってみたり、会話に混ぜてみると、ユーモラスで知的な英会話になります。

Chapter 5

書評を書ければ英語が上達する

IMMERSE YOURSELF IN ENGLISH

書くことにはじっくり時間を使える

読む、聴く、話す、書くの4つの中で、一番高いレベルを要求されるのが書く能力です。外国人ですから話すときには小さなミスが許されますが、文章では完璧が求められます。仕事で書く文章なら、ネイティブに近いレベルの文章を書かねばなりません。

しかし、話すときと違って、書く時にはじっくり時間を使うことができます。辞書、翻訳、校正のツールを使うこともできます。事前にネイティブに確認してもらうこともできます。

私は年間に100冊以上の英語の本を読みますが、読むたびに書評を英語で書いています。あまりやっている人がいない学習法だと思いますが、書評執筆は英語の上達に非常に効果があります。私が短期間で英語が上達したのは、英語で書評を書く習慣のおかげです。

どんな書評を書いているか、最近の例をお見せします（199ページ）。

そして、こうした文章をGoodreadsやSNSにアップすると、海外の読者、時には著者自身とも直接つながることができます。私はこれで海外の作家や本好きの友達を何人も作り、リアルで会うこともできました。

じつは書評はかんたんに作文できる

「書評を書くなんて難しそう」

そう思いますか？　じつは、書評は書きやすい作文です。

本の概要を紹介して、自分の感想を書く……書評にはいろいろなスタイルがありますが、ここでは私のスタイルを紹介します。

まず概要を数行、感想を数行。これで最小の形になります。さらに書くべきことがあれば、作品の背景や著者に関する情報、5つ星の評価をつけるといいでしょう。

"Tomorrow, and Tomorrow, and Tomorrow" by Gabrielle Zevin, 2022

1987年、11歳の少女セイディ・グリーンは、白血病で入院している姉を訪ねた病院の遊戯室でテレビゲームを遊んでいた同い年の少年サム・メイザーと出会う。サムは交通事故で足に重傷を負って長期入院中だった。サムは、セイディにスーパーマリオ・ブラザーズで旗竿のてっぺんに乗る方法を教えた。ふたりは何時間もゲームに熱中した。セイディはその日以来、両親と一緒に妹の見舞いにくるたびに遊戯室に通うようになった。ふたりは600時間以上、一緒にゲームと遊び、友情を育んだ。しかしセイディが隠していた小さな秘密がサムにばれて、ふたりの関係は唐突に終わってしまう。

それから８年後、サムは混雑したハーバードスクエア駅で偶然にセイディの姿を目にした。サムは彼女の名前を読んだが聴こえないようだった。そこで「セイディ・ミランダ・グリーン、あなたは赤痢で亡くなりました」と叫ぶと、セイディは即座に振り返った。人気ゲーム「オレゴン・トレイル」の有名なゲームオーバーのメッセージだ。

セイディはMITコンピュータ科学科の学生、サムはハーバード大学数学科の学生になっていた。疎遠になっていた間、ふたりは同じように80年代〜90年代のゲームを遊んできて、すっかりゲームオタクになっていた。ふたりは昔のように意気投合し、一緒にゲームを作ることになった。セイディには知的で芸術的なセンスがあった。サムにはより幅広い層を楽しませるセンスがあった。サムのルームメートのマークス・ワタナベがプロデューサーとして加わって「アンフェア・ゲームズ」というスタートアップを設立した。彼らが作ったゲームは大ヒットして、サムとセイディは瞬く間にゲーム業界のロックスターのような存在になる。

若くして成功した彼らだが、会社を背負うと重いプレッシャーがのしかかるようになる。男性プログラマーのサムばかりが注目されることにセイディは憤る。斬新なゲームを作りたいセイディと、わかりやすさや、売りやすさを重視するサムやマークスとぶつかった。若く才能のある３人は、激しくぶつかりあいながら、次々に世の中を夢中にさせる作品を生み出していく。しかし、彼らが成功の頂点に差し掛かった時、すべてを壊す大きな悲劇が彼らを襲う。

愛情と友情、そしてそれを超えるものを探す３人の旅路。この本は控えめに言って傑作だが、(1) ゲームが好き、(2) 文学が好き、(3) アジア人、もしこの３つが重なる読者ならば、涙なしに読めない大傑作だ。ゲーム：オレゴン・トレイル、スーパーマリオ・ブラザースに続いて80年代から2010年台のゲームが無数に言及される。サムとセイディはその影響を受けてゲームを開発する。彼らの会社の名前アンフェアゲームズは、人生のメタファーだ。彼らはゲームとその開発を常に人生を重ね合わせる。

タイトル"Tomorrow, and Tomorrow, and Tomorrow"はシェイクスピアのマクベスから取られている。キーワードの"freight and groove"（貨物と溝）は"It is enough, the freight should be proportioned to the groove"というエミリー・ディキンソンの詩からの引用だ。セイディの開発するゲームエンジンの名前はユリシーズ。古今東西の文学が頻繁に言及されて文学好きの心をくすぐる。
そしてこの小説はアメリカ人の物語であると同時にアジア人の物語だ。セイディはユダヤ系アメリカ人、サムは韓国人とユダヤ人の両親を持つアメリカ人、マークスは日本人と韓国人の両親を持つアメリカ人で、著者のガブリエル・ゼヴィンは、ユダヤ系ロシア人の父親と韓国人の母親を持つアメリカ人だ。アジアの文化はもちろん、アジア人に対する偏見もリアルに織り込まれている。

この３つの要素に加えて、私がゼヴィンと同じＸ世代というのも共鳴した理由だ。彼女は1977年生まれで、米国でのスーパーマリオ・ブラザーズ発売は1987年である。セイディ、サム、マークスは彼女の分身なので、細部の記述に神が宿っている。いつまでも読んでいたいノスタルジアの仮想世界がある。

パラマウント・ピクチャーズがすでに映画化の権利を200万ドルで取得している。日本文化とゲームが出てくるし、東京も舞台になる。日本でも大ヒットまちがいないだろう。

書評の例

"Tomorrow, and Tomorrow, and Tomorrow" by Gabrielle Zevin, 2022

In 1987, an 11-year-old girl, Sadie Green, visits her older sister, who is hospitalized with leukemia, and meets a boy her age, Sam Musur, who is playing video games in the hospital playroom. Sam had been hospitalized for a long time with a serious leg injury sustained in a car accident. Sam taught Sadie how to ride atop the flagpole in Super Mario Bros. They spent hours playing the game. From that day on, Sadie would visit the playroom every time she and her parents came to visit her sister. Sam and Sadie spent more than 600 hours playing games together and developed a friendship. However, their relationship came to an abrupt end when Sam discovered a small secret that Sadie had been keeping from him.

Eight years later, Sam happened to see Sadie in a crowded Harvard Square train station. Sam called her name but Sadie did not seem to hear it. So he shouted, "Sadie Miranda Green, you have died of dysentery," and Sadie instantly turned around. It was the famous "Game Over" message from "The Oregon Trail.

Sadie was now a student in the MIT Computer Science Department, and Sam was a student in the Harvard Mathematics Department. During their estrangement, they had both played the same games from the 80s and 90s and had become total game geeks. The two hit it off like old times and decided to create a game together. Sadie had an intellectual and artistic flair. Sam had the ability to entertain a wider audience. Sam's roommate, Marx Watanabe, joined them as producer, and they founded a startup called Unfair Games. The games they created were huge hits, and Sam and Sadie quickly became something like rock stars in the video game industry.

Despite their success, they were under heavy pressure as they took on the responsibility of running the company. Sadie resented the fact that only Sam, a male programmer, got any attention. Sadie, who wanted to create innovative games, clashed with Sam and Marx, who focussed on ease of understanding and ease of sale. The three young talents argued fiercely, but they produced a series of works that enthralled the world. However, just as they reached the pinnacle of their success, a great tragedy struck them that destroyed everything.

This is the journey of three people in search of love, friendship and more. The book is a masterpiece, to say the least, but if you (1) love games, (2) love literature, and (3) are Asian, this is a fantastic novel that will move you to tears. Gaming: The Oregon Trail and Super Mario Bros. are followed by countless references to games, from the 80s to the 2010s. Sam and Sadie develop their products under the influence of these games. The name of their company, Unfair Games, is a metaphor for life. They constantly compare the game and its development to the real world.

The title "Tomorrow, and Tomorrow, and Tomorrow" is taken from Shakespeare's Macbeth. The keywords "freight and groove" are taken from Emily Dickinson's poem, "It is enough, the freight should be proportional to the groove." The name of the game engine developed by Sadie is Ulysses. Literature from all ages and cultures is frequently namechecked to tantalize literature lovers.

The novel is both an American and an Asian story. Sadie is Jewish-American, Sam is American with Korean and Jewish parents, Marx is American with Japanese and Korean parents, and the author, Gabrielle Zevin, is American with a Russian-Jewish father and a Korean mother. Asian culture, as well as prejudice against Asians, is woven into the book in a realistic way.

In addition to these three elements, the fact that I am of the same generation as Zevin also resonated with me. She was born in 1977, and Super Mario Bros. was released in the U.S. in 1987. Sadie, Sam, and Marx are her alter egos, so there are truths in the details of their descriptions. There is a virtual world of nostalgia that I would love to read about forever.

Paramount Pictures has already acquired the film rights for $2 million. It is sure to be a big hit in Japan.

英語で書評を書くと、普段の自分の英文よりも難しい単語や複雑な構文を使って、より〝高級〟な文章を書いている自分を発見するでしょう。本から単語や文章を借りることができるからです。そして、それらを自分の書いた感想と組み合わせることで、自分のものにできるのです。自分の文章の一部として書いた単語や文章は、忘れることがありません。

①概要を作る

全体を、数行あるいは数パラグラフにまとめます。小説の場合はネタバレを避けたいので、中盤まででいいでしょう。

この作業で、英語の本をちゃんと読めているかを確認できます。また、本を読んでいる時に要約を作ることを意識しながら読むようにもなります。集中力が高まる効果があります。

私は、後で要約や書評に使えそうなページに付箋を貼りながら読みます。付箋の個所にコメントするだけで、10分程度で要約が作れます。

②感想を書く

3語の形容詞で印象を説明する

"gripping, resonant, and illuminating"

"small, sharp and brilliant"

"a rich, complex, really satisfying novel"

"richly imagined, poignant, and inspiring"

"Precise and haunting...Unforgettable"

私が一番気をつけているのは、月並みな言葉を使わないことです。面白い(interesting)や感動した(moved)、すごい(great)などの基本的な形容詞を封印しましょう。これらを使うと、学生の感想文になってしまいます。面白いの代わりに、「ラスト30ページ、読む手の震えが止まりませんでした」のような表現を使いましょう。形容詞のintersting や great の代わりに fantastic や fascinating のような単語を使ってみるといいと思います。

おすすめの感想の書き方は、3語の形容詞で本の印象を説明することです。これは、海外の書評家が頻繁にやっている手法です。図は実際の書評に使わ

客観的な事実の例

- 文学賞の受賞歴
- 有名人の感想の引用
- 販売部数○○万部
- 著者のデータ（有名な○○の著者）
- 何か月間連続で売り上げランキングに登場した
- おもな読者層
- 似ている本

れていた3つの形容詞の例です。

なぜそのように感じたのかを1つずつ説明すれば、書評の骨格が出来上がります。著者の経歴や過去作品との比較、話題性などをコメントすれば完成です。

どういう言葉を使うべきかは、後述する書評サイトを参考にしてください。

③事実でほめる（けなす）

批評は難しいものですが、自分の強い意見がない時は、客観的な事実を紹介して情報がたっぷりな（informative）書評を作ります。

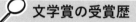

Column

英語の書評を読もう

書評サイトをチェックしてから読む本を決めると、ハズレを引くことが少なくなります。自分に合った本を紹介してくれるサイト、書評家を見つけましょう。読む本を探している時は、長文の書評を最後まで読む必要はありません。私の場合は、書評の導入部を読んで読みたくなったら、残りは読まないで、本を買います。読み終わった後に書評を自分の感想と比べてみるのも楽しいです。

New York Times

影響力が強いNew York Timesの書評は、英語が少し難解ですが、英語の書評のお手本と言えます。日本の新聞では考えられないくらい辛辣に本をこき下ろすこともあって、どきどきします。

Washington Post

New York Timesと並ぶアメリカの新聞社です。アマゾンのジェフ・ベゾスが会社を所有しています。私はNYTを読んでいますが、好みによってはこちらもいいです。

Wall Street Journal

ビジネスマンが好む本、経済社会情勢に関係するノンフィクションに強いのが、Wall Street Journalです。"16 Books We Read This Week"のように、その週に掲載した書評をまとめた特集記事を中心にチェックします。

Financial Times

イギリスの新聞社で、日本経済新聞傘下のFinancial Timesは、経済関係のノンフィクションにくわしいです。毎年発表されるBest Books of the Yearは、ビジネスパーソン必読です。

New Yorker

文学に対してリベラル寄りの意見のある書評が好きな人はここです。

Goodreads

アマゾン傘下の世界最大のSNSです。世界最大、人類史上最大の書評の集積でもあります。Goodreadsについては第2章でくわしく触れています。

Bookmarks

私が毎日チェックしているBookmarksは、主要書評サイトの記事を横断して平均点を表示するという興味深いサイトです。

Grammarlyで文章を校正する

私が英語を使って仕事をするうえで使わない日がないくらい便利な校正ツールがGrammarlyです。

Grammarly

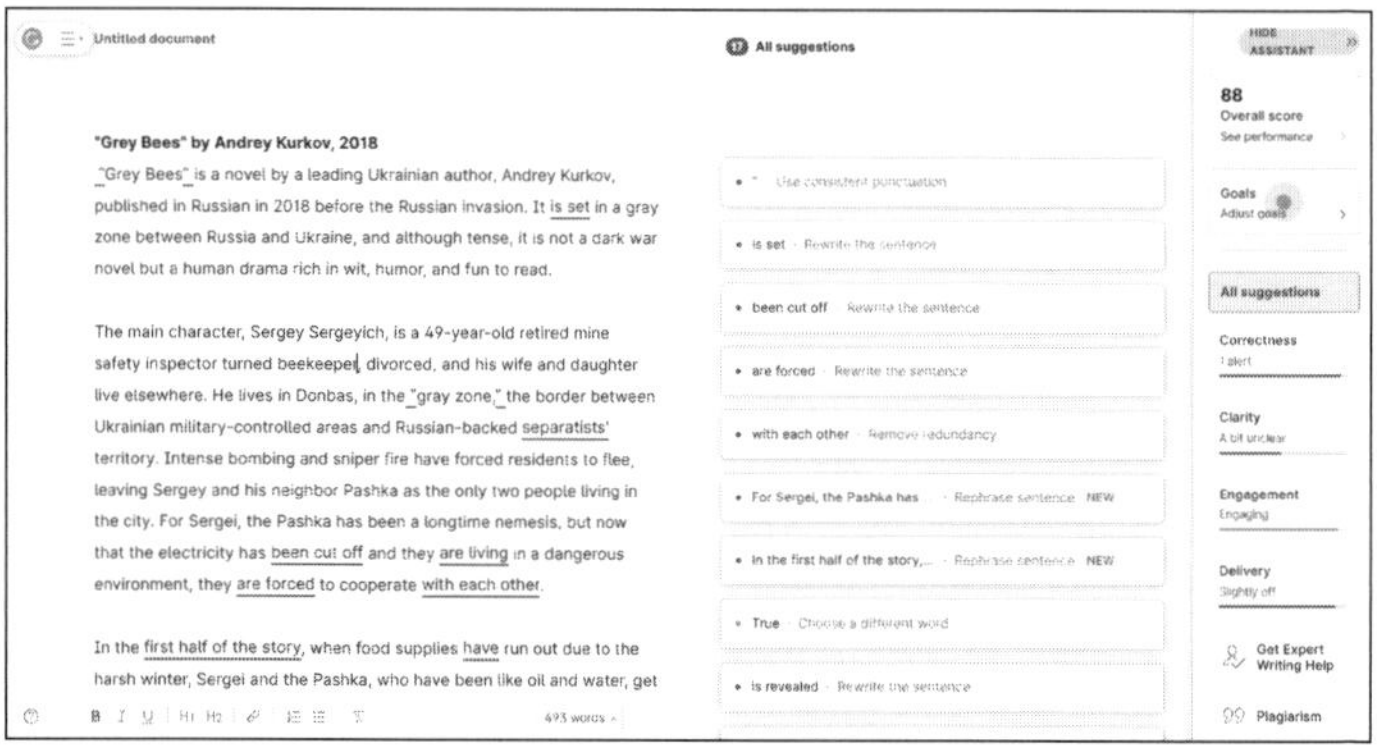

■ Grammarly　https://www.grammarly.com/

Grammarlyを知ってから、英文を書く量が10倍以上増えました。とりあえず適当な英語で考えていることを書いてしまいます。綴りも文法もテキトーでかまいません。この気軽さがたまりません。そして書き終わった後、Grammarlyの添削と向き合うのが楽しいのです。

ユーザーは、最初にゴールを設定します。

■読者はだれか（一般、知識のある人、専門家）
■フォーマル度（インフォーマル、ニュートラル、フォーマル）

■ドメイン（アカデミック、ビジネス、一般、テクニカル）

この設定により、文章チェックの厳しさや指導の種類が変わります。チェック内容は4種類あります。

①正確さ（Correctness、赤）
②明確さ（Clarity、青）
③魅力（Engagement、緑）
④言葉づかい（Delivery、紫）

赤はスペルミス、明らかな文法ミス、複数形、可算・不可算が基本項目です。基本的に赤の指摘部分さえ直せば、英語として読める文章になります。時間があれば②、③、④にも対応して、より明確で魅力的で端正な文章に直していけばいいのです。

同じ単語を繰り返し使っていると、2回目以降は「こんな単語を使って言い直したらどうですか？」と提案が出てきます。動詞も、微妙なニュアンスの違うパターンを提案してきます。

文章の盗用チェック機能もあります。オンラインで類似している文章を探して、チェックが入るのです。これは注意されたことはありませんが、論文をよく書く人には便利でしょう。追加料金はかかりますが、添削中の文章を有料の添削サービスへ送ることも可能です。

チャットでとっさに英語を書くときも、リアルタイムにチェックが入ります。ニュアンスを確認するトーンチェックまであるのです。

Grammarlyは、毎週メールで送られてくるレポートを読むのも楽しいです。「今週は何単語チェックして、まちがったパターンのランキングはこうでした」とか、「ほかのユーザーに比べてあなたの英語はボキャブラリの豊富さはこれくらい」といった評価も出てきます。

Quillbotで文章を洗練してもらう

Quillbot

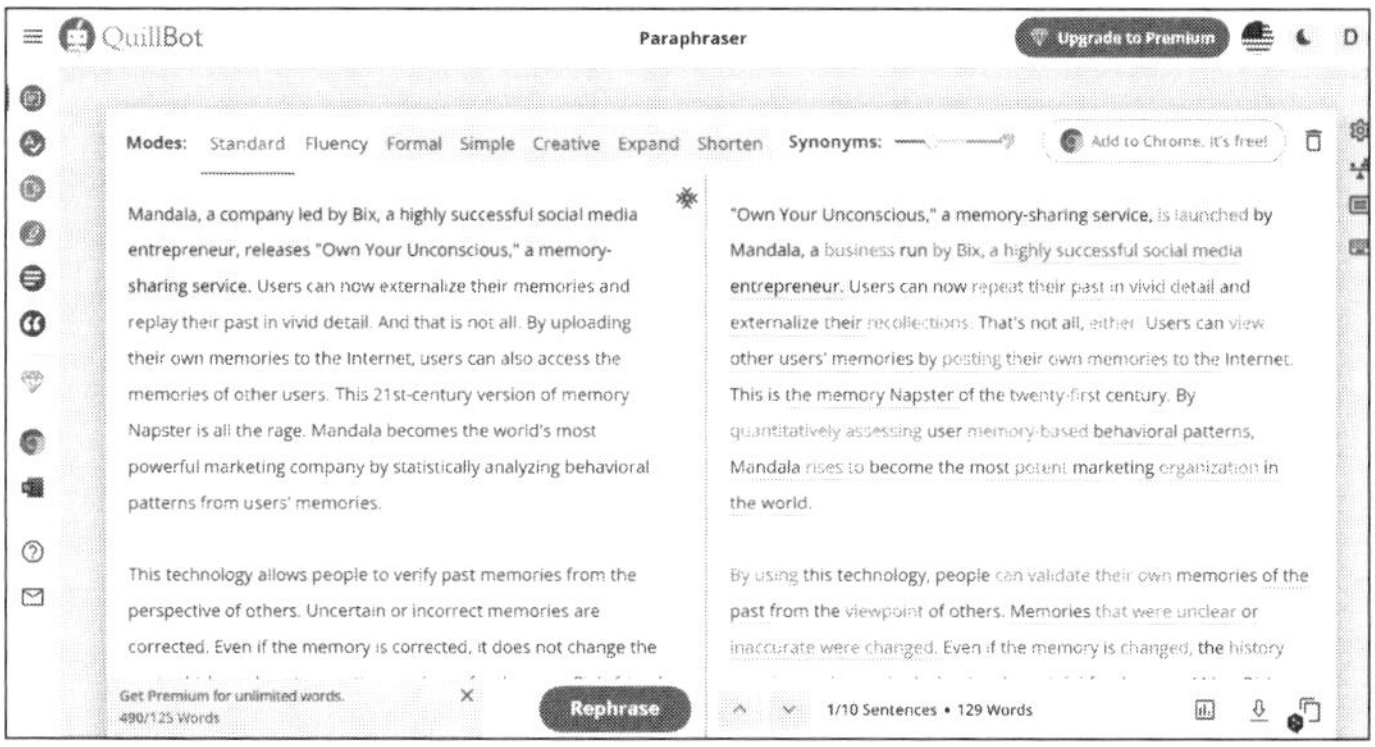

自分で書いた英文を洗練させたいと思ったら、人工知能が書き直し方を教えてくれるQuillbotを使いましょう。パラフレーズ（言い換え）の案を提示してくれます。

■ Quillbot https://quillbot.com/

Quillbotは、書評を書く時にも役立ちます。たとえば、次のような言い換えをしてくれます。語彙が広がります。

a rich, complex, really satisfying novel

↓

a deep, intricate, and thoroughly enjoyable novel

Column

文法と和訳

私の英語学習では、和訳と文法学習はひたすら後回しでした。和訳をすると日本語を使ってしまう。文法を考えるとインプットが止まってしまう。英語漬け生活と多読のアプローチで英語力を向上させるうえで、この2つは有害な側面さえあると考えているのです。文法知識は中学レベルで十分で、一語一句の精確な和訳は当面できなくていいと思います。

しかし、例外があります。もし通訳や翻訳をするのなら、文法と和訳は必要です。英語ができるようになると、周囲から通訳と翻訳を頼まれるようになります。かんたんな会話の通訳はいいとして、書籍や長文の翻訳において、文法は必須であり、命綱です。感覚の英語だけでは読み解けない難解な文章にぶつかった時に、文法を使ってこじ開けることができるからです。私は翻訳の仕事を本格的に始める前に、ついに避けていた文法を体系的に学習しました。

文法を学習する手段として、英語の文法書もいいと思うのですが、翻訳を目的としている場合は、和訳の技術がわかる日本語で書かれた参考書をおすすめします。

おすすめは、『真・英文法大全』（関正生 著／KADOKAWA 刊）です。予備校の人気講師が10年かけて書いた大著で900ページもあるのに、読みやすい。大人が文法事項をおさらいして文法を「終わらせる」ために書かれています。

Chapter 6

「もごもご話す」でスピーキングがうまくなる

IMMERSE YOURSELF IN ENGLISH

まずはAからZまでアルファベットを正しく発音できるようにする

話す力をつけるには、読んだり聴いたりしながら話すのが上達の近道です。英会話から英語学習を始める、あるいは英会話だけをすることはおすすめできません。大量のインプットを浴びると、口に出した言葉につながる言葉が連なって出てくるようになります。

私は英会話の学校で、公式テキストはあまりやらず、ひたすら今読んでいる本について講師に話し、書評を朗読し、フィードバックをもらうというスタイルを続けてきました。これを数年やっていたら、その学校の最上級のテキストをいつのまにか修了できました。技能別の評価グラフも、10段階で10と9のみをつけてもらっています。

英語を話すうえでまず壁になるのが、発音です。発音の流暢さで大事な要素には、音素（フォニックス）とイントネーションの2種類があります。音素というのは、Englishだったら、発音記号でiŋgliʃと表される音の要素です。イントネーションは、文章の音の高低です。

まず、音素を学び、AからZまでアルファベットを正しく発音できるようにしましょう。いまさらと思うかもしれませんが、じつは大人でもきちんとAからZまで発音できる人は少ないです。フォニックスの教材は豊富にあります。同時に、発音記号もマスターしましょう。

LとR、子音が続く音、二重母音、弱母音を矯正する

すべての音素を矯正するのは、時間がかかります。使用頻度の多いLとRを最優先に、ポイントを絞って練習していきましょう。

LとR

Lは、日本語のラリルレロに近いと言われます。できない人は少ないでしょう。問題

はRです。まず、アルファベットのRを完璧にします。単体でRが発音できるようになったら、語頭に来るRがかなりうまく発音できるようになります。

Rの発音は、教科書にくわしく書かれています。しかし、発音が苦手な人は、書いてあるとおりにはできないものですよね。気長に取り組める環境で、いろいろ口の形を試して、偶然よくできるまで練習し続けてください。

私は、LとRの区別が長い間できませんでした。10時間近く、マンツーマンでLとRだけを教わって、やっとできるようになりました。発音は独学で上達するのは難しいので、先生を探しましょう。おすすめは、費用が安いオンライン英会話です。ネイティブの先生（あるいは発音が完璧な先生）を予約しましょう。そして、LとRの発音を特訓したいと伝えましょう。英語の先生たちは、LとRの発音を教えることに慣れています。必ず何らかの方法で教えてくれるでしょう。先生のやり方が気に入らなかったら、別の先生を試します。オンライン英会話は費用が安いですから、何時間かけてもかまわないと思って、気長にLとRだけに取り組んでみてください。私は発音全般に苦手意識を持っていましたが、マンツーマンで何時間かかってもいいのだと思うと気が楽になりました。

LとRが攻略できたら、同じ要領でTHEとS、VとBを直すといいでしょう。

子音が続く音

LとRの次に練習すべきは、program、promotion、productや、train、training、trendなど、子音が続く音です。

programのprは、発音が難しいです。日本人の多くが「プロ」と2つの音として発音してしまいます。本当は、prは1つの音です。あえて言えば、ポやフォに近い。rの口の形を用意しておいて、pを発音します。プ・ロと言うと通じにくくなります。

trainのtrも、同じように1音です。あえてカタカナで書くならば、チュです。ト・レと発音すると通じにくいです。同じように、trainingはチュレイニングで、trendはチュレンドなのだと覚えましょう。

二重母音

二重母音というのは、たとえばアルファベットのAや、私のIです。これらは、エ・イ、ア・イという2つの音ではなく、エィ、アィという1つの音です。教科書では、前後の長さの比率は9：1がいいとされています。

ほかにも、oi、oy、ou、ow、o、oa、owなどの二重母音があります。多くの日本人は、後ろの発音が強すぎ、長すぎです。

弱母音

弱母音もポイントです。特に、シュワ（Schwa）と呼ばれる音をマスターしましょう。たとえば、Americaという単語の最初と最後のaがシュワの弱母音です。アクセントはmeの部分にあります。昔の人がAmericanを「メリケン」と発音していたようですが、正しい聞き取りだったのですね。最初のAは弱いので聞こえず、後ろのcanのaも弱いので、cとnの音がケンと聞こえたということでしょう。

シュワは曖昧音と呼ばれます。ほとんど発音しないでいい。口の中がリラックスしていて、少しだけアともオともつかないような曖昧な音が出ている状態が正解です。

英語はシュワだらけです。アクセントを覚える際に、強勢を置くところ（Americaならme）を覚えがちですが、同時に、最初と最後のa音が弱いことも覚えると、ぐっと通じる発音になります。

自分がよく使う言葉を20個挙げて、シュワが含まれているか確認してみましょう。これを矯正するだけでも、「発音が良くなったね」と褒められます。

大人になってから発音が完璧になる人はとても少ないです。世界中で英語は話されていて、過半数の話者にとって英語は母国語ではありません。訛っています。日本人だって「訛っていていいのだ」と開き直ってもいいのかもしれません。しかし、訛りが強いと、聞き取る側に負担をかけるものです。できる限りアメリカ英語、イギリス英語に近い発音を目指すのが最良でしょう。

もごもご言いながら、イントネーションを矯正する

音素がまちがっていると相手に「強く訛っている」と思われますが、話は結構通じます。英語の方言によって、音素は揺れているからです。たとえば、データという言葉は、イギリスやオーストラリアの英語ではダータに近い音です。イギリス英語だと車はカーですが、アメリカ英語だと最後のrが強く出てカールに近い音です。犬は、イギリスではドッグ、アメリカではダーグです。それぞれ、a、r、oという音が違うからですが、

どちらでも通じます。

一方、文章のイントネーションがまちがっていると、話が通じません。話すという点では、イントネーションが正しいことのほうが重要です。

口を閉じて、下手な腹話術みたいに日本語を話してみてください。もごもご、イントネーションだけで話している状態です。日本人同士なら、かんたんな会話なら通じますよね。音の数とリズム、強弱が正しければ、かなり通じます。英語も同じです。イントネーションが正しければ、音素が違っても通じます。

日本語で「ありがとうございます」を言う場合、最初が強くて、後半はだんだん消え入るように発音します。「あ・り・が・と・う・ご・ざ・い・ま・す」を均等に発音したりはしません。最後まで強く発音したら、怒っているように聞こえるかもしれません。

私の経験だと、大人が音素から完璧にすることは難しいのですが、イントネーションを完璧にすることは可能です。英語の発音は音楽に近いと思って、ハミングのように練習しましょう。歌をハミングする時、音程が多少外れても何の曲かわかりますが、音符の数やリズムを外すとわかりにくくなります。

重要でない語は、もごもご発音する

日本人の発音には、不要な音が多いです。原因は2つ。日本語が子音と母音の組み合わせの言語だから、そして英語のスペルが頭にインストールされているからです。特に、受験生時代に英語の成績が良かった人は、スペルを知っていることが正しい発音の習得の足かせになります。スペルを知っていると、すべての文字を発音しようとしがちです。聞こえてきた音を、頭を空っぽにして繰り返しましょう。

また、日本人がきれいな発音を意識しすぎると、逆に通じにくい英語になることがあります。「自分はスペルや発音記号をわかっているぞ」とばかりに、すべての音を強く発音してしまうからです。英語は強弱をつける言語なので、押してばかりでなく、引くところは引かないといけません。

長い文章を読むときに、重要でない語は、弱く、あえてもごもご話すと、むしろ良い発音になります。たとえば、次の単語は特別な場合を除いて強勢が置かれません。

■a、theのような冠詞
■am、areのようなBe動詞
■he、sheのような代名詞
■in、onのような前置詞

リズムでいえば、拍になりません。弱くて曖昧な音でいいのです。

口の形を意識して

英語では、日本語以上に口の形が重要です。発音の専門学校では、授業で手鏡を渡す学校があります。

日本人は、一般的に子音だけの音が苦手です。母音をつけてしまう癖が抜けないのです。日本語の口の形では子音が強く響かないから、母音をつけてしまうことが多いようです。

英語では、特定の口の形をしながら強く息を吐くことで、特定の子音を出します。たとえば、複数形のｓやｚの音は、閉じた歯の間を流れる息の音です。慣れないうちは音が出ているか心配になるものですが、口の形がちゃんとできていて、腹式呼吸で息が出ていれば、相手には聞こえています。

マンツーマンで先生と対話する時に、相手の口元をよく見ましょう。先生と同じ口の形になっていなかったら、何かがまちがっています。たとえば、Ｒの音を出している時は、口がすぼんで、唇が前へ突き出ているのが正解です。Ｌの音は、必ず下が一瞬上の前歯に触れるのが見えるはずです。

口の形については、フォニックスの教科書に必ず紹介されています。興味があればぜひ確認してみてください。

OtterとGoogleドキュメントの音声入力で発音をチェックする

Otter

録音ファイルをテキストに書きおこしてくれる、Otterというサービスがあります。自分で話した英語の録音をアップロードすると、通じる英語かどうか、発音の確認ができます。

リアルタイムに発音を確認するには、Googleドキュメントの音声入力が便利です。おすすめの発音練習は、読書をする際にGoogleドキュメントを立ち上げ、音声入力モードにしておいて朗読する方法です。英語をうまく発音できているかのチェックに有効です。もちろん、スマホの音声入力を使ってもいいですね。

英会話で何を話したらいいのか迷わない10のTips

私は45歳ではじめて英会話学校に通いました。週に1回、2コマ連続なので、80分のマンツーマン授業でした。最初のうちは、まったく会話ができませんでした。聴きとることができなかったですし、知らない人と80分話し続けることに慣れておらず、教師の質問に答える受け身になりがちでした。

ここでは、初心者の時に知っていれば役だったのにと思う英会話のコツを紹介します。

Tips① 心の声を話す

たとえば「一番好きな映画は何ですか?」と聞かれて、昔の私は考え込んでしまいました。心の中でこんなふうに考えてしまったのです。

「え、一番ですか? 映画は好きだけど、一番と言われると難しいよな。いろんなジャンルがあるし、邦画を答えてしまうとたぶんこの先生はわからないだろうな。やはり、だれもが知るハリウッドの大作を答えるのが適当なのだろうな。しかし、筋があまりややこしい作品を答えると、その後のやりとりが難しくなりそうだな。ぶつぶつぶつぶつ……」

そして、数十秒の沈黙の後、"Star Wars"とだけ答えました。これだと英会話は盛り上がりませんし、上達しません。

教師は答えを求めているのではなくて、会話をしたいのですから、むしろ口に出すべきは心の声のほうです。のらりくらりと最終的な答えを引き延ばしてもいいと思います。心の声に必要な内省の語彙を強化しておきましょう。

ああでもない、こうでもないという心の声を口に出すことで、会話量が格段に増えます。会話も、教師の質問に答える形式ではなくなります。「基本的には生徒が話していて、先生に突っ込んでもらう」くらいが学びが多いと思います。

Tips② 小さな不調を長々と楽しそうに話す

いろいろな学校に通ったことがありますが、教師はほとんどの場合、How are you?系の質問で始めます。それに対してI am fine.が典型的な答えとされていますが、どう答えてもかまいません。教師が真剣に生徒の調子や何をしていたかを知りたがっているわけではないからです。

I am fine.と答えるとむしろ会話が続かないので、逆に調子が悪いと答えて、小さな不調について話すと会話がはずんだりします。私は、小さな不調を長々と説明するために準備をしておくことがあります。たとえば先日、帯状疱疹のワクチンを打って、1日寝込んで仕事にならないという不調がありました。そんなときには、帯状疱疹＝shinglesという単語をまず調べます。原因である水疱瘡＝chicken poxなどという単語も用意しておきます。

あまり深刻な表情だと心配されてしまいますから、楽しそうに小さな不調について話すのがポイントです。

Tips③ 教師の言葉をオウム返しにする

教師の言ったフレーズをそのまま繰り返しましょう。そのまま繰り返すと、たいていの文脈で、相手の言ったことを肯定したことになります。Yesの代わりにオウム返しをするということです。形容詞や副詞にあたる枝葉は削った短いバージョンのオウム返しでもかまいません。

オウム返しに慣れてきたら、教師の言った長いセンテンスを全部繰り返しても楽しいです。教師も面白がって励ましてくれるはずです。語学では、ネイティブの表現をそのまま真似るのが上達の近道です。日本語と同じレベルでオウム返しできるのが究極目標です。

Tips④単語がわからないときに黙らない

単語がわからないで考え込むと、時間の無駄になります。2、3秒考えてわからなかったら、潔く諦めることが肝心です。

How can I / How do I say in English?

を使いましょう。教師に助けてもらうのです。

ただし、何がわからないかを伝えるのが難しいこともあります。そういうときには、穴埋め問題風に話してしまいましょう。たとえば、福神漬けを英語で何というかわからないなら、次のような感じです。

It's something, (how can I say), you eat with curry and rice.
（ほら、なんだっけ、カレーライスと一緒に食べるもの）

こう言えば、something のところを教師に助けてもらえます。

とにかく、単語がわからなくて話し始めず、黙ることだけは避けましょう。英会話の時間の無駄になります。

Tips⑤ 英会話全部をフリートークにする

英会話学校でもオンライン英会話でも、教科書があります。会話のネタを提供してくれるという意味では便利ですが、私はいつも授業全部をフリートークになるように試みます。失敗すると教師は教科書を始めてしまいますから、最後まで教科書に行かせないのが目標になります。

大きな話題を3つくらい用意します。1つのネタで5分やってみて、教師が乗ってこなければ、by the way とでも言って、突然話題を変えてしまいましょう。突然の話題変更は、日常生活では不自然で失礼かもしれませんが、学校では許されます。3つ試すと

15分くらい。どれか1つのネタが発展すれば、25分とか40分の授業の最後まで持つでしょう。

余裕のある時は、使ってみたいフレーズを1テーマにつき3つずつ、合計9つ用意して、授業前に5分ほど確認するのが効果的です。「9つのフレーズをとにかく使うのだ」と意識して授業に挑みます。

ちなみに、このネタは教師が授業ごとに代わる学校では何度も使えます。何度も試して、洗練させていくべきです。

Tips⑥とりあえずテキトーに話し始める

試したい単語やフレーズをあらかじめ用意しておくといいとお伝えしましたが、初心者の場合は逆も効果的なことがあります。私もそうだったのですが、少し英語の知識がある人は、話し始める前にこれから話す構文を設計してしまいがちです。たとえば

There is something blue on the table.
(何か青いものがテーブルの上にあります)

のように、on the tableまで設計してから話すパターンです。これをやると、発話が遅れてしまいます。

ちょっと怖いのですが、There isでもいいし、I haveでもいいのですが、主語と動詞を言ってしまいましょう。後は出たとこ勝負です。即興でその後をつないでいく。はじめはうまくつなげないかもしれませんが、少なくとも2語は話せています。教師が補完しやすくなります。

中級者、上級者になっても、このテキトーさというのは上達の肝です。日本語で話すときを考えてみましょう。事前に構文を設計することは稀ですよね。とりあえず「私は思うんですけど」とか「それってこういうことですか」と言って会話に飛び出したら、深く考えていなくてもアドリブで言葉をつなげて完結できるものです。これが本当の言語能力で、目指すべき方向です。

Tips⑦ 週のスケジュールを読み上げる

近況を聞かれたら、スマートフォンでスケジューラーを見ながら、その週のスケジュールを月曜から順番に読み上げるのも、会話が続きやすいです。「こんな相手とこんなテーマの会議をした」とか、「会食がある」とか、参加したセミナーの内容、家族とのイベントでもいいです。必ず詳細を補足する必要が出てきますし、教師も突っ込みを入れてくれるでしょう。

Tips⑧英作文を持ち込む

作文を持ち込み、添削してもらいながら、内容について話します。私は英語で読んだ本の書評を持ち込むことが多いです。初心者だった頃は、3行の感想で始めました。この方法は、多くのネイティブ教員に歓迎されます。フリートークよりもテーマが明確になりますし、添削を通して教えやすいからです。

文章を書くのが苦手な人には、翻訳という手があります。教師の趣味にもよりますが、日本人しか知らない文化を紹介してあげると面白がられます。私は、さだまさしの歌『風に立つライオン』『精霊流し』『雨やどり』や、詩人の茨木のり子の作品『わたしが一番きれいだったとき』『自分の感受性くらい』などを訳して伝えて、何時間も盛り上がったことがあります。翻訳しやすそうな日本語を見つけて、機械翻訳に手伝ってもらえば、だれでもこうした資料は作れます。

Tips⑨文法を学ぶ場にはしない

英会話は、会話の実践の場と考えるべきです。英会話学校では教科書があって、毎回のレッスンで何らかの文法事項を会話表現の中で教えようとしています。しかし、25分とか40分の短い授業で、文法事項をいくつも覚えられません。おすすめなのは、文法事前に頭に入れてしまい、教科書に問題があるならば回答に記入してからレッスンを受けることです。

教科書は、レッスンの毎回の話題を提供してくれるツールと考えておきましょう。フリートークが盛り上がるならば、使わなくてもいいと思います。

Tips ⑩ 相性のいい先生と長く話す

私は、体験コースを含めるとかなり多くの英会話学校を体験してきました。結論を言ってしまうと、決め手は「いい先生にめぐり会えるかどうか」です。プログラムや教科書という点からは、学校による違いをあまり感じませんでした。気に入った先生を指名できる学校がおすすめです。

同じ先生と話すことで、自己紹介の手間が省けますし、少しずつお互いのことわかって深い内容を話せるようになります。教師側も、生徒の英語の強いところ、弱いところがわかって、適切なアドバイスができるようになります。

Tips①の「心の声を話す」をやってみた時の反応がいいのが、相性のいい先生です。

オンライン英会話を始めるなら、カリスマ英語講師の安河内哲也氏の『英語が話せるようになりたければ、今すぐオンライン英会話をやりなさい！』（NHK出版 刊）を読んでからやるのがおすすめです。安河内氏は、英語が流暢なのに、今も毎朝9時からオンライン英会話レッスンを受け続けているそうです。30年以上も英語を教えているため、フィリピンの若者が先生になるときには、安河内氏のほうが英語力が高いケースもあるとのこと。

そのレッスン内容の紹介がユニークです。フィリピン、セルビア、ルーマニア、インド、バングラデシュ、ジンバブエ、ジャマイカ、ケニア、モロッコなど、各国の初対面の英会話講師たちに身の上話を聞き、国でいま起きていることを話してもらうのです。英語学習というより、世界中の人との出会いを楽しんでいるのです。

また、英語ペラペラになる方法として、図のように流れを変えろと言っています。

英語を話せない流れ、話せる流れ

×NG

言いたいことがある

- → 頭の中で英作文する
- → 文法と発音を確認する
- → 口を動かそうとしてもチャンスを逃す

◎OK

言いたいことがある

- → 口を動かしながら英作文する
- → まちがいに気づく
- → 終わったことは水に流す
- → 次のチャンスでまた頑張る

『英語が話せるようになりたければ、今すぐオンライン英会話をやりなさい！』
（安河内哲也 著、NHK出版 刊）をもとに筆者作成

英語スピーチの極意

英語でのプレゼンテーションや学会発表を目標に英語を勉強する人は多いと思います。プレゼンは英語の学習には絶好の機会ですが、原稿のようなメモを見ないで話すようにしましょう。長い内容の時にはキーワードのリスト程度のメモは使ってもいいと思いますが、文章は見ない。理想的には、本番で使うPowerPointなどの資料はなしで、聴衆に向かって話せるようにしておくのがベストです。

私も、最初はスピーチ全文の原稿を事前に準備し、暗記するということを繰り返していました。文章を丸ごと記憶する学習効果は高いです。決め台詞のフレーズや結論部は暗記する価値があります。

しかし、暗記した全文を最初から最後まで自動再生する能力だけでは、実際のプレゼンでは弱い。突発事態に臨機応変の変更ができないですし、原稿を読み上げているように聞こえて聴衆を退屈させてしまいがちです。舞台上で暗記した文章をど忘れして、スピーチが止まってしまう人もよく見ます。

プレゼンの頻度が増えると、毎回原稿を作って暗記する準備ができません。準備は日本語でプレゼンする時と同じ負担で済ませたいものです。

要点を短いキーフレーズにまとめる

私は英語でプレゼンをするときには、まず以下を短いキーフレーズにまとめます。

- タイトル、サブタイトル
- イントロ
- 論点1
- 論点2
- 論点X
- 結論

そして、20回くらい読み上げて暗記するようにしています。10分くらいで終わります。

「最低限これらのフレーズを言えればプレゼンになる」という部分を担保したことになり

ます。

そこから、本番を意識して、独りで模擬スピーチを始めます。キーフレーズを言った後で、それを説明する部分をアドリブでおこないます。英会話の時の自然な英語が出てくるといいですね。

何度かやっていると、即興の中からしっくりくる英語のフレーズが出てくるのでメモしておき、あとでブラッシュアップします。模擬スピーチを5回くらいやると形が見えてくるので、オンライン英会話の先生にでも部分的に披露してフィードバックをもらいましょう。

「アドリブで事態を収束する力」が真に実践的な英語力

私は、大学の英語スピーチコンテストでネイティブの先生たちと一緒に審査員をしており、学生のスピーチの成功例と失敗例をたくさん見てきました。暗記した内容がうまく出てこずに、止まってしまうことがしばしばあります。そこからどう復帰するかが見どころです。うまい学生は、すぐに思い出すのを諦めて、即興に切り替えてごまかし、元の筋に復帰していきます。

このアドリブで事態を収束する力が、真に実践的な英語力です。アドリブ練習を繰り返すことで、自分にはその力があるという自信が持てるようになります。その自信、余裕が、表現力の豊かさにつながっていきます。

コンテストで入賞するような成功例は、例外なくエモーショナル、感情が乗っているスピーチです。原稿暗記力で勝つ人はいません。文語体の長い文章は、声に感情を乗せるのが難しく、アドリブで思いつくかんたんなフレーズからこそ、感動を与える要素が生まれてきます。

アドリブ練習とフィードバックで、キーフレーズを説明するフレーズが増えてきます。プレゼンの長さにもよりますが、ここまでの準備で数時間程度でしょう。まだ不安かもしれませんが、それほど重要でない本番の機会を選んで、プレゼンをやってみましょう。プレゼンというのは、日本語の時と同じで、場数で鍛えられる面があります。小さな機会でも10回くらい成功と失敗を経験すると、英語スピーチに対して得意意識が芽生えてくるはずです。

Column

人工知能翻訳時代の英語学習

今後、日本人は、機械翻訳に依存する9割と、AIを超える高度な英語力で活躍する1割に二分されると考えています。基本的なコミュニケーション、観光、社員レベルのビジネス会議では、AI翻訳で事足りてしまうと思います。

『日本人の9割に英語はいらない』（2011年、祥伝社 刊）では、元マイクロソフト社長の成毛眞氏が英語の不必要性を説いて話題になりました。『AI翻訳革命―あなたの仕事に英語学習はもういらない―』（2022年、朝日新聞出版 刊）では、自動翻訳の第一人者である隅田英一郎氏が、機械翻訳によって成毛氏の主張がより現実的になったと書いています。しかし、隅田氏は「通訳者、翻訳者のような高度な英語力を持つ人材は不要にならない。むしろ機械翻訳の開発になくてはならない存在だ」と書いています。

本書の読者のみなさんは、おそらく活躍する1割を目指されている方が多いと思います。9割の普通の日本人が英語を使わないとしても、国際社会における日本の未来は、高度な英語を使う1割の肩にかかっていると思います。

おわりに

薄い紙を1枚ずつ重ねていくように英語漬けを継続していく

この本のタイトルを編集者が提案してきたとき、10000時間の英語漬けは私の学習法のコンセプトではあるものの、タイトルにそれはないだろうと思いました。

「10000時間なんて、いくらなんでも長すぎる」
「10000時間やれば上達するのはあたりまえだ」

そんな、見た人の呆れた声が聞こえてきそうでした。

でも、ひと晩考えてみたら、じつはいいタイトルじゃないかと思うようになりました。使える英語の学習に必要な時間として、1000時間、2000時間という意見はよく耳にします。「3000時間くらいまでは必要」という人もいるでしょう。でも、それ以上必要だという教育者は稀です。学校教育がカバーできる範囲を超えているからです。

1００００時間の英語漬けは、英語を生活の、いや、人生の一部にしなければ実現できません。逆に言うと、そうすることができたなら、だれでも英語は使えるようになる。1０００0時間英語を使って上達しない人が想像できません。「再現性が抜群の方法論だと保証できる」と確信して、タイトルに1００００時間を使うことにしました（ちなみに、1００００時間で天才になるという俗説は本書の方法論とは関係がありません）。

この本に書いた内容から、英語漬け1００００時間の達成に向けて、大切なポイントを3つ整理しておきます。

①わからなくても先に進んでいい
②興味のあることだけに取り組む
③日本語を封印する時間を増やす

①わからなくても先に進んでいい

私がこの本で紹介した方法で英語を学習して得た最大の発見は、わからないまま先に進んでいいのだということでした。文法も単語の意味も発音もわからないけれど、すごく興味があって、なんとなく理解できる本を読み続けると、いつのまにか全部わかってくる。学校で優等生だった人はわからないままにすることが嫌かもしれませんが、いったんゆるく構えてください。

語学の実践には、理屈ではない面があるのです。数学みたいに「前の単元がわからなければ次の単元がわからない」というふうにはできていない。多読をしていると、「文法はよくわからないのに文章の意味がわかる」という不思議な現象がよく起こります。単語ではなくフレーズで覚えて使えるようになった後に単語の意味を知るということもあります。

昔、何度も英語の学び直しをして失敗していた時、私はいつも学校英語の文法からやり直していました。文法を意識すると英語を読むのが遅くなるなんて、夢にも思っていませんでした。文法知識に意味がないわけではないけれど、くわしいことは英語が使えるようになってからでよかった。

日本の学校英語で文法学習が中心なのは、日本人の先生が教えやすいからなのでしょう。それから、生徒を1000時間も英語漬けにする時間が取れないからでしょう。小中高の英語学習は、学校によって異なりますが、およそ800時間から1000時間だと言われています。この限られた時間で生徒の頭にインストールできるのは、試験に出る文法知識くらいなのです。

②興味のあることだけに取り組む

個人的に興味がある内容だけで授業を構成することも、学校では実現できないことです。私の勤務する大学には留学生がたくさんいるのですが、日本語がよくできる学生は決まって日本のマンガとアニメが好きで、子供の頃から楽しんできた学生です。日本語の授業は補助的な役割にすぎません。好きなコンテンツに没頭していれば流暢になる。彼らを見て、日本人の英語学習がまちがっていると気がつきました。

私の場合は好きなことが読書であり文学だったのですが、海外ドラマを見るとか、料理のYouTubeを見るとか、オンラインゲームをするだとか、インプットは何でもかまいません。とにかく、好きなものだけを大量に読む、聴く体験をすることです。自分が何時間触れていても楽しめるものを探すことが重要です。この本は自己啓発の本ではないので、無趣味の人に趣味を持たせる方法は扱いませんが、熱中するテーマがない人はまずそれを見つけてください。

③日本語を封印する時間を増やす

英語を使う時間を増やすことを考えるより、日本語を封印する時間を増やすことを考えましょう。日本語に触れたら「汚染された」と思う感覚になりましょう。

頭の中で英語を和訳する癖もやめましょう。英和辞書を引くと日本語を見てしまうので、使う機会を限定します。読書を英語に切り替えてから、私は約3年間、日本語の本を1冊も読まない時期がありました。ひさしぶりに縦書きの和書を読んだときの違和感となつかしさを今も覚えています。

私の勤務する大学では、毎年、海外の大学に留学に行き、帰国後に英語で体験を報告するイベントがあります。長期の留学はまちがいなく効果があり、ほぼ全員がある程度英語が上達していますが、その上達の度合いには差があります。現地で日本人とばかり話していたり、日本語の情報から抜けきれなかった学生は、顕著な向上が見られません。

英語漬け脳内留学の場合でも、同じことが言えるのです。日本語の空白を作れば、そこに英語が入ってきます。そうしていれば、3か月、半年、1年、2年くらいの時期に、確かな上達を感じられるはずです。周囲からは違和感を持たれるくらいでちょうどいいです。私は、すべてを英語にして暮らしているということを、家族や親しい同僚には話しておき、理解を得ました。英語学習や多読のコミュニティに参加して、日本語を使わない仲間を作りましょう。

それから、英語漬けは止めないことが重要です。「ちょっと日本語に戻してもいいかな」という油断は禁物です。短期的にわかりやすく上達が感じられなくても、継続しないと効果がなくなってしまいます。ほかの学習は知識のブロックを積んでいくようなイメージがありますが、この本の多読・多聴中心の方法は、薄い紙を1枚ずつ重ねていくイメージです。ブロックのほうが手っ取り早く積めますが、案外、揺らすと崩れてしまったりする。その一方で、薄紙を重ね続けて数メートルにした能力は揺らぎません。そう信じて、1枚ずつ重ねてください。

本書の冒頭にも書きましたが、私の45歳までの英語学習は失敗続きでした。「バイリンガルになるなんて無理なのか」と諦めそうになりました。そういう人たちに、諦めずに再挑戦するヒントを見つけてもらいたいと思って、この本を書きました。世の中にはすでにたくさんの英語学習書があり、どの学習法にも一長一短、向き不向きがあります。この本で語った方法論は、中学程度の英語の基礎ができていて、時間はかかってもいいが、読み書きを中心に高度な英語力を身につけたい大人（つまり以前の私）に一番効き目があるはずです。

この本は読書インプットに重心を置いていますが、本の読み方はＮＰＯ法人多言語多読理事の酒井邦秀先生が提唱する多読理論に大きな影響を受けています。英語で文学を読み書評を書くきっかけを作ってくれたMimi Ohta氏、英文の書き方をアドバイスしてくれたBarry Cheetham氏、私が英語再学習に取り組むきっかけを作り、さらに翻訳者の道に導いていただいた翻訳者・ジャーナリストの服部桂氏、英語学習についてディスカッションさせていただいた翻訳者の滑川海彦氏、上手な聞き役として私から英語学習論を引き出していただいた編集者の傳智之氏、そして私の英語漬けにつきあってくれた家族と友人の皆様。本書執筆にあたり、お世話になりました。

Appendix

付録

IMMERSE YOURSELF IN ENGLISH

付録❶

レベル別おすすめ洋書

良い本とめぐり会えれば、10000時間なんてあっという間です。自分が読みたい本を読むことが何より大切ですが、何から始めようと迷う人もいるでしょう。ここでは、私がこれまでに読んだ約700冊の洋書から、内容が面白くかつ英語学習のためにおすすめできる本を選びました。本書の各章で紹介した本と共に、本選びの参考にしていただけたらと思います。

初級者向け

文法や語彙が比較的かんたんで、文章も短くてわかりやすい。文化的な背景や歴史的な参照が少なく、物語のテーマやジャンルも身近なものが多い作品です。

"Himawari House" Harmony Becker

https://www.goodreads.com/book/show/55780534-himawari-house

グラフィックノベル。アメリカで育ったので日本語がうまく話せないナオ、自由を求めて日本にやってきた韓国人のヘジョン、英語が得意なシンガポールからきたティナ。3人はシェアハウスのひまわりハウスで、日本人のシンイチとマサキと共同生活を始めます。受験、学校、アルバイト、友情、恋愛、家族の絆……日本に住む留学生たちの青春物語。根底に「いろいろな英語があっていい」というメッセージがあり、語学学習者が心から勇気づけられる本です。

"Google It: A History of Google" Anna Crowley Redding

https://www.goodreads.com/book/show/37901985-google-it

欧米のヤングアダルト向けにジャーナリストが書いた、グーグル創業期物語。お母さんから「学位がとれるのはいつか」と催促される、ちょっと情けない大学院生ラリーとセルゲイが、大学のPCを無断拝借してサービスを開始、最初のオフィスは借

りたガレージで、Googleという綴りはじつはドメインを登録する際のタイプミス、サービスは大人気になるが会社の運営方法がわからず2人は大ピンチに。

"Tiny Love Stories: True Tales of Love in 100 Words or Less"
Daniel Jones, Miya Lee ほか

https://www.goodreads.com/book/show/51612667-tiny-love-stories

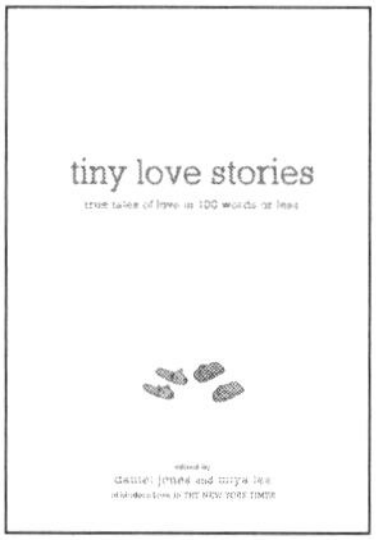

Tiny Love Storiesはニューヨークタイムズの Modern Loveコーナーの人気企画で、愛についての物語を１００語以内で語る投稿チャレンジ。１７５の本物のラブストーリーを収録。TwitterやInstagramでつぶやくような短文でどこまで感動を表現できるかを競っている。短い文章の中に濃い物語が詰まっており、泣かせる傑作もいっぱい。何より、平易な英語で読みやすい。

"Paper Towns" John Green

https://www.goodreads.com/book/show/6442769-paper-towns

卒業間近の深夜、マーゴがクエンティンの部屋へ窓から入ってくる。「朝までに15個やることがあるので車を貸してほしい、できれば運転してほしい」とクエンティンに頼む。2人はマーゴを裏切った友達に復讐をするツアーに出発し、狂乱の一夜を体験する。マーゴとの関係の進展に喜びを隠せないクエンティンだったが、翌日マーゴは家出をして姿を消す。クエンティンはマーゴが残した意味深な手がかりをたどり、彼女の居場所を探す。子どもが大人になる瞬間を見事にとらえている。スティーブン・キングの『スタンド・バイ・ミー』を強く意識して書かれているが、もっと現代的でビタースイートなラストが忘れがたい。

"Me Before You" Jojo Moyes

https://www.goodreads.com/book/show/17347634-me-before-you

交通事故で首から下が麻痺して動かない大富豪の跡取り息子の自宅看護をすることになった失業女子の切ないラブストーリー。甘いだけでなく、人間の尊厳をめぐる考察もあって、世界

中の読者に感動と衝撃を与え、500万部突破。『世界一キライなあなたに』として映画化もされた話題作。

"Harry Potter and the Philosopher's Stone" J.K.Rowling

https://www.goodreads.com/book/show/56638296-harry-potter-and-the-philosopher-s-stone-harry-potter-1-minalima-edi

ハリー・ポッターの第1作。このシリーズは門番ハグリッドの話す言葉が訛っていることと、魔法関係の聴きなれない言葉が難しいが、ほかの英語は平易。シリーズのファンであればきっと読みこなすことができる。多数の版が出ている。映画のデザインを担当したミナリマスタジオが手がけた豪華本Minalima Editionが少し値は張るがおすすめ。

"Last Night at the Telegraph Club" Malinda Lo

https://www.goodreads.com/book/show/35224992-last-night-at-the-telegraph-club

2021年度全米図書賞（青少年文学部門）受賞。舞台は1954年のサンフランシスコのチャイナタウン。17歳の中国系アメリカ人リリー・フーは数学が得意で、ロケットエンジニアになる夢を抱いている。ある日リリーはレズビアン・バー「テレグラフ・クラブ」の広告を目にし、男装の麗人トミー・アンドリュースの姿に奇妙に惹かれる自分に気づく。リリーは、数学のクラスではじめて友達になった白人キャサリンもクラブに興味があることを知る。2人はIDを偽造し、深夜に家を抜け出しクラブに忍び込む。そこでは、外では許されない、同性愛者たちのめくるめく世界が広がっていた。

"The Buddha in the Attic" Julie Otsuka

https://www.goodreads.com/book/show/10464963-the-buddha-in-the-attic

本文でも触れた、純文学で英語を学ぶのに向いている繰り返し文体の本。20世紀初頭アメリカンドリームを夢見て、大勢の日本男性が海を渡った。彼らはアメリカで成功できず苦しい暮

らしをしていたが、嫁が欲しかったので、他人の豪邸の前でお洒落したお見合い写真を日本に送った。写真に騙されたたくさんの日本の花嫁たちがアメリカへ渡る。日系アメリカ人作家ならではの歴史小説。アレックス賞、ペン／フォークナー賞、フェミナ賞受賞。

中級者向け

ベストセラー作家の作品や文学賞受賞作など、大人の読む作品として一般的な語彙、文章の長さの作品から選びました。

"The Great Gatsby: A Graphic Novel Adaptation" F. Scott Fitzgerald’ K. Woodman-Maynard

https://www.goodreads.com/book/show/53484679-the-great-gatsby

アメリカ文学の金字塔『華麗なるギャッツビー』は、原作の英語は初心者にやさしくはない。本書は、フィッツジェラルドの原文を多用して、原作の雰囲気を損なうことなく作られたグラフィックノベル。煌びやかなジャズエイジの世界を水彩画とデジタル技法で描いており、どのページもため息がこぼれるほど美しくスタイリッシュ。

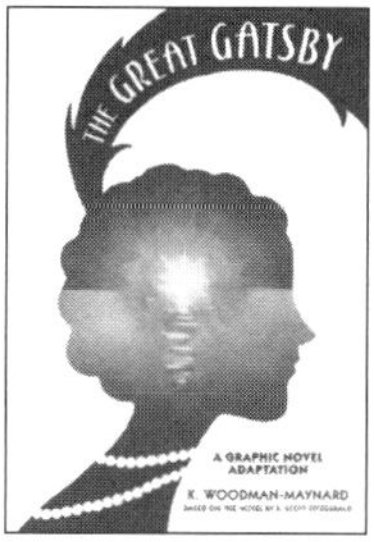

"Sphere" Michael Crichton

https://www.goodreads.com/book/show/455373.Sphere

ジュラシックパークの原作を手掛けたマイケル・クライトンの傑作。深海で発見された未確認の宇宙船のような物体を科学者チームが探索するSF。クライトンの作品はテクノスリラーと呼ばれるが、緊迫感のある展開に思わず引き込まれる。クライトンの作品は、TOEICレベルの単語を使い、平易な文体なので、英語読書初心者に本当にイチオシ（私はクライトンのおかげで小説が読めるようになった）。

"Jaws" Peter Benchley

https://www.goodreads.com/book/show/126232.Jaws

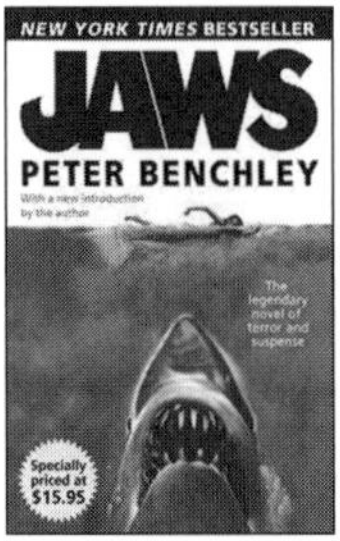

映画『ジョーズ』の原作小説。この小説のヒットがあって映画が作られたが、映画とはいろいろな点が違う。物語の半分は舞台の港町アミティの政治の話であり、登場人物が不倫がバレそうで緊迫していたりして、サメよりも人間関係のドロドロが中心の話。もちろん、サメはちゃんと怖い。映画と一緒に楽しんでほしい。

"The Godfather" Mario Puzo

https://www.goodreads.com/book/show/22034.The_Godfather

映画はヴィトー（映画ではマーロン・ブランド）とマイケル（アル・パチーノ）中心の展開だが、小説はファミリーとその周辺の、より多くの人物の視点で描かれる群像劇になっている。脇

役のサイドストーリーが、メインストーリーとして細部まで語られている。たとえば、歌手のジョニー・フォンティーン（フランク・シナトラがモデルと言われる）とモー・グリーン（ラスベガスを作ったバグジー＝ベンジャミン・シーゲルがモデル）の生きざまや苦悩が濃く描かれていて、世界観が広がる。

"The Nightingale" Kristin Hannah

https://www.goodreads.com/book/show/21853621-the-nightingale

優しく受け身の姉ヴィアンヌと、活発で反抗的な妹のイザベル。2人が住むフランスはドイツに侵攻され、彼女たちの実家も横暴なドイツ兵たちに接収される。ヴィアンヌは生家を守ろうとし、イザベルはパリでレジスタンス活動に身を投じる。恐怖と絶望を乗り越え、果敢に運命に立ち向かう姉妹の感動物語。

"Cathedral" Raymond Carver

https://www.goodreads.com/book/show/11449.Cathedral

レイモンド・カーバーの短編集。ほんの数行で濃密な舞台空間を作り上げる見事さ。ヘミングウェイ、チェーホフと並ぶミニマリズムの名手と評されている。普通の人間の普通の人たちの生活を描くが、日常の中に人生の真理を暴き出す一瞬が必ずある。純文学を堪能する短編としておすすめ。村上春樹も絶賛し、翻訳までした作家の代表作。

"Washington Black" Esi Edugyan

https://www.goodreads.com/book/show/38140077-washington-black

19世紀半ば。バルバドスのプランテーションで働く11歳の黒人奴隷ジョージ・ワシントン・ブラックは、雇い主の弟で発明家のティッチにアシスタントに指名される。優しいティッチの下で働ける幸運を喜ぶのもつかの間、気球の爆発に巻き込まれ、少年は顔に大きな傷が残るやけどを負う。そして館で起きた事件の犯人とみなされ、ティッチと気球で逃げ出すことになるが、怒った主人が依頼した賞金稼ぎのハンターに

追われるお尋ね者になる。

"Grinding It Out: The Making of McDonald's" Ray Kroc, Robert Anderson

https://www.goodreads.com/book/show/498886.Grinding_It_Out

マクドナルド創業者レイ・クロックは、52歳で会社を始めた。それまでのレイ・クロックは、シェイクを作る機械のセールスマンをしていた。ある日、その機械を8台もフル回転で使っている超人気ハンバーガーショップがあるという噂を聞き、マクドナルド兄弟の個人経営の店を見に行ったのが、マクドナルドの創業のきっかけだった。レイは失敗と大波乱を乗り切り、世界一のファストフードチェーンをつくり、75歳でこの自伝を書いた。

"Olive Kitteridge" Elizabeth Strout

https://www.goodreads.com/book/show/1736739.Olive_Kitteridge

メイン州の沿岸の小さな町で暮らす人々の人生を描いた、13話の短編集。どの話にも、オリーブ・キタリッジという詮索好きでおしゃべりなおばちゃんが登場する。最初はまったく共感できない、おせっかいなキャラなのだが、彼女の身にふりかかる人生の悲哀を13の短編で体験していくうちに、きっと彼女に同情し、共感し、応援するようになる。ピュリッツアー賞受賞でドラマ化されている。

"Daisy Jones & The Six" Taylor Jenkins Reid

https://www.goodreads.com/book/show/40597810-daisy-jones-the-six

歌姫デイジー・ジョーンズと、天才シンガーソングライタービリー・ダン率いる人気ロックバンドのザ・シックス。1979年に大ヒットアルバム「オーロラ」が生まれるが、彼らは最初のツアーを終えると、人気絶頂の最中、解散を発表する。そのとき彼らに何が起きていたのか？ 30数年後、現在の7人のメンバーと関係者へのインタビューで構成された小説。70年〜80年代の洋楽が好きな人に特におすすめ。

"The Tattooist of Auschwitz" Heather Morris

https://www.goodreads.com/book/show/38359036-the-tattooist-of-auschwitz

スロヴァキア出身のユダヤ人少年レイルは、語学が堪能だったため、一般の労役を免除され、アウシュビッツに入所する囚人たちの腕に囚人番号を彫る入墨師の役割を与えられる。レイルは、次々に訪れるユダヤ人やジプシーの人々の腕に番号を彫っていった。ある日、同じ年頃の少女ジータの腕に番号を彫る。目が合った瞬間、2人は恋に落ちる。死と隣り合わせの毎日の中で、彼らは互いを求め合う。実話に基づいた小説で、続編もある。

"Tomorrow, and Tomorrow, and Tomorrow" Gabrielle Zevin

https://www.goodreads.com/book/show/58784475-tomorrow-and-tomorrow-and-tomorrow

１９８０年代の子ども時代にコンピュータゲームを通して心を通させたセイディとサムは、大学で再会し、サムの友人マークスと３人でゲーム開発のスタートアップを起業する。セイディの創造力とサムの技術力、マークスのプロデュース力で会社は成功を収めるが、男性プログラマーのサムばかりが注目されることにセイディは憤る。斬新なゲームを作りたいセイディと、売りやすさを重視するサムやマークスは、ぶつかりあいながら、世の中を夢中にさせる作品を次々に生み出していく。しかし、彼らが成功の頂点に差し掛かった時、すべてを壊す大きな悲劇が彼らを襲う。

"Pachinko" Lee Min-jin

https://www.goodreads.com/book/show/34051011-pachinko

韓国の離島に生まれた少女ヤンジンは、悪い男に騙されて妊娠し、村に居場所をなくす。親切なキリスト教の若い牧師が、不遇の彼女を妻にして日本に赴任することを決心。当時の日本人が就きたがらなかったパチンコビジネスは、職を求める在日

韓国人を引き寄せる。４世代の登場人物たちは、パチンコの玉のように、勝てるかもしれないという希望をもって、勢いよくゲーム盤に出ていく。しかし、転がり、ぶつかり、跳ね返され、暗い穴に吸い込まれていく。韓国系アメリカ人が書いた英語で書いた傑作メロドラマ。

"10 Minutes 38 Seconds in This Strange World" Elif Shafak

https://www.goodreads.com/book/show/43706466-10-minutes-38-seconds-in-this-strange-world

イスタンブールの娼婦テキーラ・レイラは何者かに殺され、路上のゴミ箱の中で息絶えようとしている。彼女の心臓が止まっても、脳は少しの間、動いていた。脳死するまでの10分38秒間に、レイラの意識は人生の走馬灯を見る。そこに現れたのは、大切な思い出と結びついた香りや味についての記憶だった。そして思い出の中には、彼女の5人の親友の姿があった。

"The Midnight Library" Matt Haig

https://www.goodreads.com/book/show/52578297-the-midnight-library

人生に行き詰まった35歳のノラは、大量の薬を飲んで意識を失った。気がつくと彼女は暗い森の中にいて、目の前には不思議な図書館があった。中には、少女時代に世話になった司書のエルムさんがいた。無限に続く本棚には、『私の人生』というタイトルの本がびっしり並んでいる。それらの本は、ノラの人生のすべての可能性の物語が書かれた本であるという。もし、あのとき違う選択をしていたら、人生はどう変わっていたのだろう？　ノラは可能性の物語を試す。Goodreadsで２０２０年度のフィクション部門のベストに選ばれ、約12万人の評価平均が４・２３／５という数字もすごい。

"Where the Crawdads Sing" Delia Owens

https://www.goodreads.com/book/show/36809135-where-the-crawdads-sing

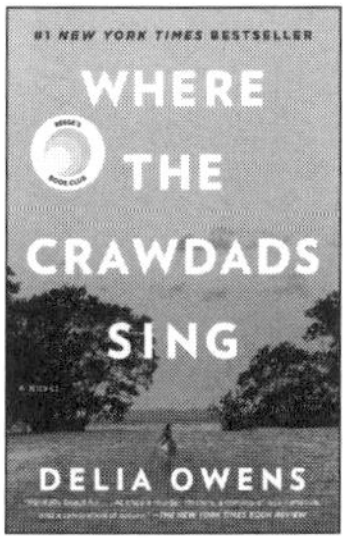

ノースキャロライナの湿地帯で孤独な生活を送るカイアは、町の人々からマーシュガール（沼地の少女）と呼ばれ、差別的扱いを受けている。カイアは子どもの頃に家族に捨てられ、学校に通ったのは1日だけ。それ以降、沼で貝を獲って町で売り、湿地の林の中でひっそりと生きてきた。ある日、湿地帯で、町に住む若者チェイス・アンドリューズが死体で発見される。チェイスはカイアが交流があったわずかな住人の1人だった。警察はカイアを第一容疑者として事件を捜査する。映画化もされた、文学性の高いミステリー。

"Tokyo Junkie: 60 Years of Bright Lights and Back Alleys ...and Baseball" Robert Whiting

https://www.goodreads.com/book/show/55784796-tokyo-junkie

昭和・平成・令和、60年間の回顧録。著者は日本在住81歳のジャーナリスト、ロバート・ホワイティング。英語で海外の読者向けに書かれているが、本当にこの本を読んで楽しめる読者

は、この時代を生きてきた私たち日本人だ。高度経済成長期、バブルと崩壊、そして失われた30年を私たちと同じ大衆目線から見つめてきた、貴重な証言者だ。ただのノスタルジーにとどまらず、一級の日本文化論としても秀逸。

"Kanazawa" David Joiner

https://www.goodreads.com/book/show/57903087-kanazawa

出版社によると、金沢を舞台に西洋の作家がはじめて書いた英語の小説。泉鏡花ら日本文学の作家に影響を受けた著者のデビッド・ジョイナーは、日本に移住してまるで昭和の日本文学のような小説を発表している。この作品では、日本人の妻と義理の家族との人間関係を軸に、小津安二郎の映画のような抒情的なドラマが展開される。日本の日常生活と伝統文化の魅力について、新たな視点から再発見をすることができる。外国人に日本を紹介するための英語の語彙を獲得することもできる。

"Cloud Cuckoo Land" Anthony Doerr

https://www.goodreads.com/book/show/56783258-cloud-cuckoo-land

5人の登場人物を含む3つの時代の物語が並行して語られる。
1つめの舞台は1453年オスマン帝国軍に包囲された陥落目前のコンスタンチノープル。城壁の内側に住むお針子アンナと、オスマン軍に加わった牛飼い少年オミーアの物語。2つめは、2020年のアイダホ州レイクポートタウンの図書館。そこで爆弾テロを企む理想主義の少年シーモアと、その図書館で子どもたちに演劇を教えている86歳の退役軍人ジノの物語。3つめは、22世紀の宇宙移民船の中で生まれた14歳の少女コンスタンスの物語。古代ギリシアの物語『クラウドカッコーランド』が、3つの物語を思いもよらない形でつなげる。

"Project Hail Mary" Andy Weir

https://www.goodreads.com/book/show/54493401-project-hail-mary

ライランド・グレイスは、宇宙船の中で目を覚ます。記憶を失っていたが、船内の手

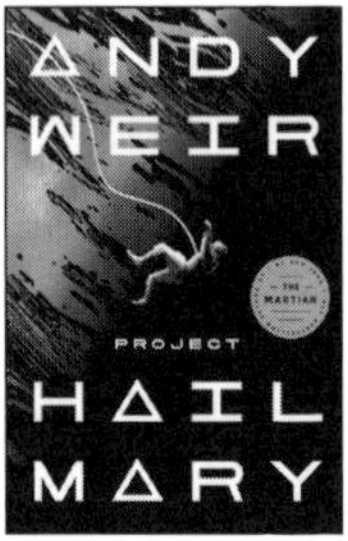

がかりから、自分は人類絶滅の危機を救うために惑星タウセティへと旅立ったヘイルメアリー号の乗組員であることを知る。ライランドがタウセティの軌道に到着すると、そこには謎の宇宙船が停泊していた。その宇宙船の中には、人間の想像を絶する形態を持ち、人類同等の知性を持つエイリアンが搭乗していた。21世紀のファーストコンタクトSFの傑作。

"Anxious People" Fredrik Backman

https://www.goodreads.com/book/show/53799686-anxious-people

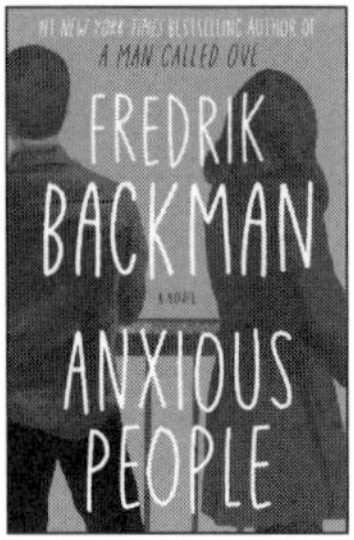

ある年の12月30日、スウェーデンの小さな町の銀行にピストルを持った強盗が入る。しかしそこはキャッシュレス銀行だったので未遂に終わり、強盗は慌てて近くのマンションへと逃げ込んだ。そこでは売り出し中の部屋の見学会が開催されていた。強盗は7人の見学者を人質に取った。ドタバタ喜劇のように見える話だが、登場人物たちの意外なつながりを知るにつれて、ドタバタの背後に何かシリアスなものがあるのが

見えてくる。そして馬鹿話が感動に変わる。笑わせて、泣かせて、また笑わせる。

"Circe" Madeline Miller

https://www.goodreads.com/book/show/35959740-circe

ギリシア神話のキルケーを主役にした作品。キルケーは太陽神ヘリオスの娘だが、上級の神のような力を持たない。上級神に疎まれアイアイア島に追放されて、寂しく暮らしている。そこに流れ着いた運命の恋人オデュセウスと出会い、子どもをつくる。だが、愛する夫と息子は数十年しか生きられない人間なのだった。一般的には島に流れ着く男たちを動物に変えて奴隷にした悪役のイメージが強いキルケーを、運命に抗って強く生きようとする1人の女性として感動的に描き直している。

"Flowers for Algernon" Daniel Keyes

https://www.goodreads.com/book/show/36576608-flowers-for-algernon

知能に障害を持つ少年チャーリーが、知能指数を高める手術の実験第1号になる。同じ手術の動物実験では、ハツカネズミのアルジャーノンが天才になった。チャーリーも高速に知能指数を高めて天才になるが、それは悲劇の始まりでもあった。知性は人を幸福にするものなのか。チャーリーの知能が上がるにつれて、英語レベルが上がっていく。その変化の書き分けが見事で、翻訳では味わえない妙味がある。

付録❷

英語圏の文学賞

ノーベル文学賞

世界で最も権威のある文学賞です。英語の作品に限らない賞ですが、2000年から2021年では、John Maxwell Coetzee（J・M・クッツェー）、Alice Munro（アリス・マンロー）、Kazuo Ishiguro（カズオ・イシグロ）、Bob Dylan（ボブ・ディラン）、Louise Gluck（ルイーズ・グリュック）など、21人中9人が英語で書く作家でした。ほかの言語であっても、必ず英語に翻訳されるので読むことができます。

ノーベル文学賞受賞作には、学習者にとって読みやすいものと、そうでもないものが混ざっています。J・M・クッツェーの"Disgrace"（恥辱）、アリス・マンローの短編集"Dear Life"、カズオ・イシグロの"Never Let Me Go"（私を離さないで）、"Klara and the Sun"（クララとお日さま）などは、読みやすい英語でおすすめです。

ただ、ノーベル賞受賞作は、内容も文体も難易度は高め、娯楽性が低めです。作品に対してではなく、作家の長年の活動に対して贈られるので、どの作品を読むべきか迷います。日常の読書の本選びにはあまり向いていない賞です。

ブッカー賞、国際ブッカー賞

近年、ノーベル文学賞に次ぐ権威を持つのが、イギリスのブッカー賞です。1968年の創設時にはイギリスの出版社の本に限定されていましたが、2014年以降は、その年に英語で書かれた世界中の長編小説が対象になりました。

毎年7月頃に13作品の1次候補（ロングリスト）が発表され、9月ごろに6作品のショートリストに絞り込まれ、11月ごろに受賞作が発表されます。私は、この賞のロングリスト作品を毎年すべて読んでいます。

ブッカー賞は、ノミネートされた時点で、本の表紙に候補作であることが印刷されて書店に並びます。それだけ話題性があるのです。受賞作以外も素晴らしい作品ばかりです。

ブッカー賞は純文学中心ですが、推理小説やハードSF、グラフィックノベルなど娯楽性が高い作品も幅広くノミネートされます。英語の難易度は普通～とても難しいの間です。娯楽作品は読みやすいものばかりですが、前衛的な英語表現を試す作品も結構な数含まれるので、読む前に確認が必要です。

近年の受賞作を見てみましょう。

- 2021年 "The Promise" Damon Galgut
- 2020年 "Shuggie Bain" Douglas Stuart
- 2019年 "The Testaments" Margaret Atwood

なお、ブッカー賞には、外国語から英語に翻訳された作品を表彰する国際ブッカー賞もあります。

全米図書賞

アメリカで最も権威がある賞が、全米図書賞です。全米図書協会（National Book Foundation）によって運営されています。小説、ノンフィクション、詩、翻訳、児童文学の5部門があります。

- 第69回（2021年）"Hell of a Book" Jason Mott
- 第68回（2020年）"Interior Chinatown" Charles Yu

■第67回（2019年）"Trust Exercise" Susan Choi
■第66回（2018年）"The Friend" Sigrid Nunez
■第65回（2017年）"Sing, Unburied, Sing" Jesmyn Ward

私は、フィクションの受賞作を毎年必ず読んでいます。英語が読みやすいものが多くて、多読におすすめできる賞です。人種問題をはじめ社会派の作品が多いので、アメリカの社会について知識があると深く楽しめます。

ピューリッツアー賞

アメリカの新聞、雑誌、オンライン上の報道、文学、作曲の功績に対して贈られる、権威のある賞です。21部門もあり、幅広いジャンルの賞であることが特徴です。

注目は、文学戯曲の6部門（フィクション、戯曲、歴史、伝記および自伝、詩、一般ノンフィクション）。創設者のジョーゼフ・ピューリッツァーは新聞出版事業の成功者だったため、調査報道や時事漫画などを表彰するジャーナリズム部門も有名です。ピューリッツアー賞の作品の英語は読みやすい傾向があります。

■2022年　"The Netanyahus"　JoshuaCohen
■2021年　"The Night Watchman"　Louise Erdrich
■2020年　"The Nickel Boys"　Colson Whitehead
■2019年　"The Overstory"　Richard Powers
■2018年　"Less"　Andrew Sean Greer

ペン・フォークナー賞

作家ウィリアム・フォークナーがノーベル賞の賞金で設立した財団が始めた章です。文筆家団体のペンクラブの会員の審査員が、アメリカ人の作家の作品を選びます。アメリカの主要な文学賞の1つです。

10作品のロングリストが5作品のショートリストに絞られ、受賞作が決まります。アメリカ国内指向の純文学中心で、過去の作品には和訳版がないものも結構ある賞ですが、2012年には日系人の女性作家ジュリー・オーツカが"The Buddha in the Attic"『屋根裏部屋のブッダ』で受賞しています。

■2022年　"The Wrong End of the Telescope"　Rabih Alameddine

■２０２１年　"The Secret Lives of Church Ladies"　Deesha Philyaw
■２０２０年　"Sea Monsters"　Chloe Aridjis
■２０１９年　"Call Me Zebra"　Azareen Van der Vliet Oloomi
■２０１８年　"Improvement"　Joan Silber

全米批評家協会賞

全米の書評家、批評家たちの非営利団体が運営する賞です。会員の中から投票で選ばれた任期制の審査員たちが選びます。本のプロたちの賞といえます。

小説、ノンフィクション、詩、伝記・自叙伝、批評の５つの部門があります。

■第46回（２０２１年）"The Love Songs of W.E.B. Du Bois"　Honoree Fanonne Jeffers
■第45回（２０２０年）"Hamnet"　Maggie O'Farrell
■第44回（２０１９年）"Everything Inside"　Edwidge Danticat
■第43回（２０１８年）"Milkman"　Anna Burns
■第42回（２０１７年）"Improvement"　Joan Silber

ここまでは総合的な文学賞を取り上げましたが、ここからはさまざまなジャンルの賞を紹介します。

エドガー賞(MWA賞)

アメリカ探偵作家クラブが1945年に設立した、アメリカでも最も権威のある推理小説、ミステリー小説に与えられる賞。エドガー・アラン・ポーの名前に由来します。13部門ありますが、最も注目されるのは長編賞です。受賞作を毎年読んでいますが、面白くなかったことがありません。

アガサ賞

「伝統的なミステリー」に与えられる賞です。性や暴力の表現が過激すぎず、犯罪の推理が中心になる、アガサ・クリスティーのような作品を読みたい人向けの賞です。次のような部門賞があります。

- 最優秀長篇賞

■最優秀処女長篇賞
■最優秀短篇賞
■最優秀ノンフィクション賞
■最優秀児童書・ヤングアダルト賞

ゴールド・ダガー賞

英国推理作家協会（The Crime Writers' Association）が運営するＣＷＡ賞のうち、優れた長編小説に与えられる部門賞をゴールド・ダガー賞と呼びます。イギリス人の作家が書いた推理小説、ミステリー小説に与えられます。

ヒューゴー賞

世界ＳＦ協会が主催し、英語のＳＦとファンタジーに与えられる賞です。小説、映像、コミックなど、複数の部門があります。毎年開催される世界ＳＦ大会で受賞作が発表され、ＳＦファンの投票によって決まる賞です。

発表国と言語は問わない建前ですが、投票者が英語圏に多いので、ほぼ英語作品が選ばれます。

ネビュラ賞

アメリカSFファンタジー作家協会（SFWA）が主催する、英語のSFとファンタジーに与えられる賞。ファンが決めるヒューゴー賞と作家・批評家が決めるネビュラ賞ですが、授賞の傾向が似ていて、同時に受賞する作品が多いです。同時受賞作品はダブルクラウンと呼ばれて、よく売れます。対象はアメリカ国内で英語の作品に限られます。

ローカス賞

SF情報誌ローカスが主催する、SFとファンタジーに与えられる賞です。ローカス誌が作成するリストから、一般投票で選ばれます。ヒューゴー賞、ネビュラ賞に次ぐSFの文学賞で、同時に受賞すると「トリプルクラウン」と呼ばれます。

アーサー・C・クラーク賞

『2001年宇宙の旅』で知られるアーサー・C・クラークの寄付で創設され、「イギリスで最も名誉あるSF賞」と呼ばれる賞です。イギリス国内で初刊行された作品が対象になります。

フィリップ・K・ディック賞

ペーパーバックを愛したSF作家フィリップ・K・ディックを記念して、彼の死後に創設されたSF文学賞で、ペーパーバックで刊行された作品に与えられる独特の賞です。フィラデルフィアSFソサエティが運営しています。

ジョン・W・キャンベル新人賞

SF作家ハリイ・ハリスンとブライアン・オールディスが、SF文学の有名な編集者ジョン・W・キャンベルにちなんで、SF作家たちを励ますことを目的にして創設した賞です。

女性小説賞

最近はそんなことはないと思いますが、過去に欧米の文学賞は女性作家が軽視されてきたという問題意識から1996年に創設された賞です。女性作家が執筆し、イギリスで刊行される英語の小説から選ばれます。過去には「ベイリーズ賞」、その前は「オレンジ賞」という名前でした。

国際アンデルセン賞

児童文学の世界で「小さなノーベル賞」と呼ばれる賞です。国際的な賞であるため、対象は英語作品とは限りません。

Goodreads Choice賞

Goodreadsのユーザーによる一般読者投票で選ばれる、世界最大の賞です。2021年度には、475万の投票によって受賞作品が決まりました。11月にオープニングラウンドが開始され、20カテゴリでGoodreadsが選出する候補作から選ぶか、候補になければ自ら推薦投票をおこないます。そして、12月のファイナルラウンドにおいて、各カテゴリの上位10作品で決選投票をおこないます。人気投票のGoodreads Choice賞の作品は、英語が読みやすいものばかりで、英語学習に最もおすすめの賞です。

アウディ賞

オーディオ出版社協会が主催する、優れたオーディオブックに与えられる賞です。最高賞のAUDIOBOOK OF THE YEAR以外にも全26種類のカテゴリがあり、大量の作品が表彰されます。オーディオブック選びは、この賞と、Audible内のリコメンド作品が参考になります。

ニューベリー賞

アメリカ図書館協会の下位組織である、児童図書館協会が運営する賞です。アメリカ人の作家が書いて、アメリカ国内で刊行された英語の本が対象になります。受賞すると全国の学校の推薦図書になるので、影響力は絶大です。

コールデコット賞

アメリカ図書館協会の下位組織である児童図書館協会が、最も優れた子ども向け絵本に与える賞です。ニューベリー賞と並んで、アメリカで最も権威ある児童文学賞です。

ボストングローブ・ホーンブック賞

新聞社のボストングローブと、児童文学評論誌出版社ホーンブック（児童文学評論誌出版社）が運営する児童文学賞です。受賞作は、ニューベリー賞、コールデコット賞と重なることもあります。

ジェームズ・ビアード財団賞

「料理のアカデミー賞」と呼ばれる賞で、シェフやレストランと並んで料理関連の書籍にも部門賞を与えています。

橋本大也（はしもと だいや）

デジタルハリウッド大学教授兼メディアライブラリー館長。多摩大学大学院客員教授。早稲田情報技術研究所取締役。翻訳者。英検1級。

ビッグデータと人工知能の技術ベンチャー企業データセクション株式会社の創業者。同社を上場させた後、顧問に就任し、教育とITの領域でイノベーションを追求している。

著書に『情報考学 Web時代の羅針盤 213冊』（主婦と生活社）、『データサイエンティスト データ分析で会社を動かす知的仕事人』（SBクリエイティブ）、『情報力』（翔泳社）、共著に『ブックビジネス2.0 - ウェブ時代の新しい本の生態系』（実業之日本社）、『電子書籍と出版―デジタル／ネットワーク化するメディア』（ポット出版）などがある。

洋書を紹介するブログを運営しており、WIREDマガジン日本版などのメディアに書評を寄稿している。

【ブクロジア：英語で本を10000時間読むブログ】https://booklogia.com/
【Twitter】https://twitter.com/daiya
【Facebook】https://www.facebook.com/daiya.hashimoto

- カバーデザイン／石間 淳
- 本文デザイン／斎藤 充（クロロス）
- 編集／傳 智之

お問い合わせについて
本書に関するご質問は、FAX、書面、下記のWebサイトの質問用フォームでお願いいたします。電話での直接のお問い合わせにはお答えできません。あらかじめご了承ください。
ご質問の際には以下を明記してください。
▪書籍名　▪該当ページ　▪返信先（メールアドレス）

ご質問の際に記載いただいた個人情報は質問の返答以外の目的には使用いたしません。

お送りいただいたご質問には、できる限り迅速にお答えするよう努力しておりますが、お時間をいただくこともございます。

なお、ご質問は本書に記載されている内容に関するもののみとさせていただきます。

問い合わせ先
〒162-0846　東京都新宿区市谷左内町21-13
株式会社技術評論社　書籍編集部「英語は10000時間でモノになる」係
FAX：03-3513-6183
Web：https://gihyo.jp/book/2023/978-4-297-13352-8

英語《えいご》は10000《いちまん》時間《じかん》でモノになる
ハードワークで挫折《ざせつ》しない「日本語断《にほんごだ》ち」の実践法《じっせんほう》

2023年5月3日　初版　第1刷発行
2023年6月20日　初版　第3刷発行

著　者　橋本大也《はしもとだいや》
発行者　片岡巌
発行所　株式会社技術評論社
東京都新宿区市谷左内町21-13
電話　03-3513-6150　販売促進部
03-3513-6166　書籍編集部
印刷・製本　昭和情報プロセス株式会社

ISBN978-4-297-13352-8　C1082
Printed in Japan